Heyne-Ratgeber aus der Reihe
»Besser biologisch gärtnern« von Gunter Steinbach:

Der Blumengarten (Nr. 08/4695)
Der biologische Obstgarten (Nr. 08/4714)
Ziergehölze (Nr. 08/4750)
Der biologische Rosengarten (Nr. 08/4796)
Natürlich konservieren (Nr. 08/4947)

Rainer Stehr

Der biologische Schrebergarten

herausgegeben von
Gunter Steinbach

Originalausgabe

WILHELM HEYNE VERLAG
MÜNCHEN

HEYNE RATGEBER
08 / 9053

Copyright © 1986 by Wilhelm Heyne Verlag GmbH & Co. KG, München
Printed in Germany 1986
Umschlagfoto: Bildarchiv Sammer, Neuenkirchen
Text und Innenfotos: Rainer Stehr
Zeichnungen: Fritz Wendler
Umschlaggestaltung: Atelier Ingrid Schütz, München
Satz: VerlagsSatz Kort, München
Gesamtherstellung: RMO, München

ISBN 3-453-41707-0

Inhalt

Der Schrebergarten in der Stadt – ein Wort zuvor 7

Was ist ein Schrebergarten? 9
Die historische Entwicklung der Kleingärten 9
Die ökologische Bedeutung der Kleingärten für die Stadt 15
Kleingarten und Recht 22
Erwerbung und Kosten des Kleingartens 34

Die Grundlagen der Kleingartenbearbeitung 44
Aufteilung und Urbarmachen der Parzelle 44
Gartengeräte 58
Boden und Düngung 69
Fruchtwechsel und Mischkulturen 92
Säen und Pflanzen 100
Kulturen unter Glas und Folie 107

Der Nutzgarten 118
Gemüsearten 118
Küchenkräuter 134
Obstgarten 144
Lagerung 156
Pflanzenschädlinge und Pflanzenschutz 159

Der Ziergarten 166
Eine Gestaltung mit Wildpflanzen? 166
Teichbau 170
Rasen und Wiesenfläche 177
Blumen und Ziergehölze 180

Adressen der Landesverbände
im Bundesverband Deutscher Gartenfreunde 200
Literaturverzeichnis 202
Register 204

Blumen im Kleingarten ...

Der Schrebergarten in der Stadt – ein Wort zuvor

Seit mehr als einem Jahrhundert ist das ›Schrebern‹ ein Begriff: So bezeichnet man das mühevolle und fantasiereiche Gärtnern städtischer Bürger meist ohne eigenen Grundbesitz, die in ihren gepachteten Kleingärten inmitten der Städte Erholung vom Alltag suchen.

Wie im 19. Jahrhundert mit seinen damals völlig anderen Lebensbedingungen, so ist auch heute die Kleingartenbewirtschaftung in ihrer sozialen und gesundheitlichen Bedeutung für den Schrebergärtner kaum zu überschätzen. Tritt zwar heutzutage in einem Land, in dem man fast alle Nahrungsmittel kaufen kann, die überhaupt irgendwo auf der Erde erzeugt werden, der wirtschaftliche Nutzen des Gartens in seiner Bedeutung etwas zurück, so wird doch das kleine, bewirtschaftete Stück Land für den Kleingärtner und Städter als Quelle ›biologischer‹, in natürlicher Wirtschaftsweise – ohne Anwendung von Kunstdünger und chemisch-synthetischen Giften – gezogener Obst- und Gemüsearten immer wichtiger. Dabei behält der Kleingarten durchaus seine Bedeutung als Ruhepunkt und Ort der Entspannung.

Dieses Buch soll dem Leser ein Ratgeber sein beim Erwerb, bei der Pflege und Nutzung des Kleingartens in der Stadt. Dabei wird auch über die historische Entwicklung der Schrebergärten informiert, über Kleingartenvereine, die Statuten und Rechtsfragen, über allgemeine Grundlagen der Gartenbearbeitung sowie die Anlage und Pflege der Nutz- und Zierflächen im Schrebergarten.

... Beton in der Stadt

Was ist ein Schrebergarten?

Die historische Entwicklung der Kleingärten

›Schrebergarten‹, ›Arbeitergarten‹, aber auch ›Sozial-‹ oder ›Armengarten‹ waren seinerzeit Synonyme für die kleinen Parzellen inmitten oder am Rande der Städte. Heute nennen sich die das Stück Land bewirtschaftenden Pächter ›Kleingärtner‹.

Die Entwicklung des Kleingartenwesens in Deutschland beginnt mit der einsetzenden Industrialisierung im 19. Jahrhundert und ist eng verknüpft mit der politischen Situation im vom Adel und dem erstarkenden Bürgertum beherrschten Land und der sozialen Lage der Arbeiter. Die Lebensbedingungen der Menschen ändern sich rasch und grundlegend; es entsteht ein neues Wirtschaftsgefüge mit Arbeitsteilung. Der große Teil der Bevölkerung ohne eigenen Grundbesitz und ohne Vermögen strömt in die neuen Fabriken der Städte und verdingt sich unter schlechtesten Arbeitsbedingungen. Kinderarbeit, 14-Stunden-Arbeitstage bei geringer Bezahlung, eine kaum ausreichende Versorgung mit Nahrungsmitteln und dem Bedarf nicht annähernd entsprechende Wohnmöglichkeiten gehören zum Leben der arbeitenden Menschen.

Mit diesem einschneidenden gesellschaftlichen Wandel und den verheerenden Lebensbedingungen kommt, dem Beispiel Englands folgend, ein neuer Gedanke auf: Man will soziale Mißstände beseitigen, indem den Bedürftigen kleine Gärten zur Verfügung gestellt werden. Die Betätigung in frischer Luft, die Bewirtschaftung der Parzelle sollen sowohl eine psychologische Hilfe für den Betroffenen sein als auch durch den Gemüse- und Obstanbau zur Versorgung mit Nahrungsmitteln beitragen.

So wurden bereits 1830 in Kiel und 1832 in Leipzig erste Kleingärten zur Linderung der Not eingerichtet. Jedoch war es mit dem Erfolg dieser Idee nicht weit bestellt. In einer Arbeit des Instituts für Grünplanung und Gartenarchitektur der Technischen Universität Hannover (Gert Gröning, ›Tendenzen im Kleingartenwesen, dargestellt am Beispiel einer Großstadt‹, Ulmer, Stuttgart 1974) heißt es: »Wie wenig ernsthaft man in der Realität diesem Gedanken nachging..., zeigt sich daran, daß bereits kurze Zeit, nachdem Gärten für Arme und Arbeiter in Kiel und Leipzig eingerichtet waren, nicht mehr diejenigen, die sie ursprünglich nutzen sollten, die Armen und Arbeiter, sondern nur noch sogenannte ›Wohlhabende‹ Benutzer dieser Gärten waren. Die Ursache dafür lag darin, daß durch eine Art Erbzinsverhältnis, das sich allmählich herausgebildet hatte, die Gärten ständig teurer wurden.«

Die Überlassung der Gärten hatte allerdings nicht nur idealistische Gründe; vielmehr wurde dabei an Einsparungen im Budget der Städte und Länder gedacht. Die sonst im gewissen Rahmen notwendigen Hilfeleistungen für die Notleidenden sollten mittels Selbstversorgung der Armen in den Gärten eingedämmt werden. Gleichfalls wurden die Parzellen keineswegs bedingungslos überlassen. Gröning schreibt: »Schon bei der Errichtung dieser ersten Kleingartenanlagen zeigt sich ein Herrschaftsanspruch derjenigen, die die Gärten organisieren, über diejenigen, die sie benutzen sollen, in Form einer starken Kontrolle.« In Kiel etwa war der »einwandfreie Charakter« des Kleingärtners gefordert, »der Nachweis für den rechtmäßigen Erwerb der Gartengeräte, der Erbsenreiser und Bohnenstangen« zu erbringen. An eine große Freizügigkeit beim Wirken im Garten war also kaum zu denken.

In den Jahren ab 1850 nimmt der Einsatz von Maschinen in den Fabriken immer mehr zu. Die Arbeiter als Lohnempfänger der Fabrikbesitzer gehören zu einer Klasse, deren Lebensbedingungen sich kurzfristig weiter verschlechtern. Es kommt zu Streiks und Aufständen, als deren wichtigste Ziele auch Arbeitszeitverkürzung, Lohnsteigerungen und Einschränkungen der Kinderarbeit erreicht werden. Gleichzeitig nimmt aber auch die Arbeitsintensität, die Beanspruchung und Belastung der in den Fabriken arbeitenden Menschen zu. Die Gefährdung der Gesundheit durch die Arbeit steigt, die Wohnbedingungen in der Stadt werden durch Landflucht und Zuwachs der Städte immer ungünstiger. Bei Gröning heißt es: »Gleichzeitig nahm die Zahl der Einwohner in den Städten stark zu; die Mieten stiegen an. Im Sommer 1872 z. B. zwang die Wohnungsnot zahlreiche Arbeiterfamilien, im Freien zu kampieren.«

Mitte des 19. Jahrhunderts tritt ein Mann auf den Plan, dessen Ideen zwar nicht das deutsche Kleingartenwesen kennzeichnen sollten, wohl aber zur Namengebung für die ersten Kleingartenvereine führten: Daniel Gottlieb Moritz Schreber (1808 – 1861), Arzt und Direktor der ›Orthopädischen Heilanstalt zu Leipzig‹. Schreber selbst hat nie Kleingärten, wie sie später entstanden und wie wir sie heute kennen, gefordert. Zu einer Zeit, in der als Folge der Restauration nach dem ›Wiener Kongreß‹ 1814/1815 alle liberalen Bestrebungen im Volk unterdrückt wurden und etwa sportliche Betätigungen und Leibesübungen als konspirativ galten und verboten waren, forderte Schreber rebellisch und mutig in Einlässen an Staatsorgane, Städte und Ständekammern die Einrichtung öffentlicher Spielplätze, das Spielen und Turnen von Kindern unter staatlicher Aufsicht und unter pädagogischer Anleitung. Als Arzt, der alltäglich die gesundheitlichen Schäden zu kurieren versuchte, die sich als Folge der unmenschlichen Arbeits- und Lebensbedingungen einstellten, glaubte er, jene Symptome des ausbeuterischen Wirtschaftsgefüges durch die von ihm geforderten Anlagen und Einrichtungen beseitigen zu können.

Nach seinem Tod führte Hauschild, Lehrer in Leipzig, Schrebers Sache fort. Hauschild wollte durch Spielwiesen und -plätze die Möglichkeit zur planmäßigen Erziehung und

Körperertüchtigung der Kinder schaffen. 1864 gründete er, zusammen mit den Eltern seiner Schüler, einen ›Erziehungsverein‹, der »zum verdienten Gedenken des vortrefflichen ärztlichen Pädagogen« sich nun ›Schreberverein‹ nannte. Es wurden 1865 auf einer Wiese, die der Verein pachten konnte, ›Kinderbeete‹ errichtet, mit denen unter der Leitung des Spielvaters Gesell die Kinder an Gartenarbeit herangeführt werden sollten. Der Versuch mißlang. Gröning: »Nachdem Gesell mit seiner Idee der Kinderbeete, mit der er die Kinder für die Gartenarbeit gewinnen wollte, gescheitert war, übernahm ein Teil der Elternschaft die verwahrlosten Gärten, die fortan, weil sie am Rande der Spielwiese des Vereins lagen, Schrebergärten genannt wurden. Die Gärten wurden eingezäunt und mit kleinen Geräte- und Unterkunftsschuppen versehen, wie man das in Leipzig von den früheren Gärten her kannte. 1869 waren 100 solcher Familiengärten um den Spielplatz herum entstanden, und der erste Schreberverein wurde gegründet.«

Langsam kam es auch in anderen Städten zur Anlegung erster Kleingärten; bürgerliche Stadtregierungen und wohlhabende Privatiers stellten Land zur Verfügung, auf dem die Parzellen eingerichtet werden konnten. In Berlin steigerten sich die miserablen Wohnbedingungen ins Unerträgliche; um 1870 waren viele Obdachlose gezwungen, auf unbebautes Land am Stadtrand auszuweichen. Sie steckten sich Parzellen ab und errichteten mit wenig Baumaterial armselige Lauben.

Mit der Zuteilung des Landes durch Generalpächter ging eine grenzenlose Ausbeutung einher: Oft errichteten die Generalpächter illegal Kantinen und Kaufläden in den Kolonien und zwangen die Kleingärtner vertraglich, ihre Lebensmittel zu hohen Preisen in diesen Läden zu kaufen.

Die Zahl der Laubenkolonien nahm rapide zu. Aus der Einsicht heraus, daß Gemeinsamkeit stark macht, organisierten sich die Kleingärtner in Vereinen und Verbänden. Bei Gröning heißt es: »Der Bund der Laubenkolonisten entwickelte sich allmählich zu einem demokratischen Faktor. Immer mehr Mitgliedern wurde ihre Lage bewußt. Bald gingen die Forderungen über die Kleingärten hinaus. Man forderte mehr Parks und Spielplätze, Wald und Wiesengürtel in Verbindung mit Laubenkolonien, forderte also bewußt Flächen und Räume, die nicht privatwirtschaftlicher Profitmaximierung unterworfen werden sollten.«

Nachdem schon in den Jahren des Ersten Weltkriegs die Bedeutung der Kolonien als Nahrungsmittelquellen erheblich zugenommen hatte, erreichten die Kleingärtner nach dem Zusammenbruch des Kaiserreichs ihre erste offizielle Anerkennung: 1919 wurde erstmalig als Reichsgesetz die ›Kleingarten- und Kleinpachtlandordnung‹ verkündet. Mit diesem Gesetz wurde nun die Bodenspekulation mit Kleingartenland verhindert, indem verfügt wurde, daß die Pachtpreise von den Verwaltungsbehörden festzulegen seien. Als Zwischenpächter durften nur noch staatliche Organe oder als gemeinnützig anerkannte Institutionen fungieren, die ihrerseits das Land an die Kleingärtner weitergaben.

Im Jahre 1921 kommt es zu einer politischen Entschärfung der Gartenorganisationen durch die Gründung des ›Reichsverbandes der Kleingartenvereine Deutschlands‹, der sich gemäß seiner Satzung als eine unparteiische, nicht politische Vereinigung versteht. Dieser neue Verband ist eine Vereinigung des bereits 1908 entstandenen ›Zentralverbands deutscher Arbeiter- und Schrebergärten‹ mit karitativen und gartenbaulichen Zielen und von eher bürgerlich-patriarchalischem Zuschnitt mit dem ›Zentralverband der Kleingartenvereine Deutschlands‹, der 1919 als durchaus politische und parteiische Vereinigung gegründet worden war.

Nach der Machtübernahme der Nationalsozialisten ab 1933 wurde die Kleingärtner-Organisation ›gleichgeschaltet‹. In den Jahren des Zweiten Weltkriegs erreichte die Bedeutung der Kleingärten und das Werben um die Schrebergärtner einen Höhepunkt, waren doch die Parzellenpächter als Erzeuger von Obst und Gemüse für die Ernährung der Bevölkerung in den Städten sehr wichtig geworden. Ein nach wie vor ungeklärtes Problem für die Kleingärtner war der mangelnde, nicht genau reglementierte Kündigungsschutz für ihre Parzellen. Erst mit der ›Verordnung über

Kündigungsschutz und andere kleingartenrechtliche Vorschriften‹ vom Dezember 1944 wurde verfügt, daß die Kündigung von Kleingartenanlagen nur noch ausgesprochen werden konnte, wenn öffentliche, staatliche Interessen, etwa für neue Bauvorhaben auf dem Kleingartenland, dies erforderten.

In einer weiteren Anordnung vom Januar 1945 wird erstmals die Größe der Kleingärten indirekt staatlich geregelt: Diese ›Erste Anordnung über eine erweiterte Kündigungsmöglichkeit von kleingärtnerisch bewirtschaftetem Land‹ legt die Gartengröße auf eine Fläche bis zu 400 qm fest, indem es verfügt, daß großflächigere Parzellen aufgekündigt und in zwei kleinere Gärten halbiert und neu verpachtet werden dürfen.

»Wer Gott vertraut und Bretter klaut – der hat 'ne billige Laube.« Mit diesem liebevollen, keineswegs als bösartige Brandmarkung der Kleingärtner mißzuverstehenden Wort wird im Ausstellungskatalog zur Bundesgartenschau Berlin 1985 das ›Gestern‹ beschrieben, die Situation der Kleingärtner in den frühen Nachkriegsjahren. Für die Menschen in den ausgebombten, verbrannten, zerstörten Städten Wohnräume zu beschaffen, war das drängende Problem der Jahre nach 1945. So lag es nahe, die Nutzung der Kleingärten mit ihren Lauben als feste, wenn auch vorerst provisorische Wohnstätten zu fördern. In manchen Städten wurden auch schon in den letzten Kriegsjahren Baumaterialien an die Kleingärtner ausgegeben, damit diese ihre Lauben vergrößern und als Wohnungen einrichten konnten. So war für so manche Familie in der zerstörten Stadt der Kleingarten die Rettung vor der Obdachlosigkeit.

Aber die Nutzung der Parzellen als Wohnstätten stellt die Behörden und den 1949 als neue Dachorganisation gegründeten ›Verband Deutscher Kleingärtner e.V.‹ auch vor erhebliche Probleme. Paul Brando, Vorsitzender des neuen Verbandes der Kleingärtner, schreibt: »Was ich seinerzeit als äußerst deprimierend empfunden habe, war die Tatsache, daß schon bald nach dem Zusammenbruch 1945 private Verpächterkreise bei mir als dem neuen Vorsitzenden der Hamburger Kleingärtner vorstellig wurden, um aus der Tatsache des Bewohnens von Kleingärten eine höhere Pacht oder zusätzliche Gebühr zu verlangen, obschon ihnen aus dem Bewohnen keinerlei Nachteile erwachsen waren« (Paul Brando, ›Kleine Gärten – einst und jetzt‹, Christen, Hamburg 1965).

Das schlimmste Problem jedoch waren die mangelhaften sanitären Installationen, die für das dauernde Wohnen so vieler Menschen in den Kolonien nicht ausgerichtet waren. Fehlende Kanalisationen führten dazu, daß die Kleingärtner ihre Abfälle und Fäkalien auf den kleinen Parzellen unterbrachten. Verseuchung des Wassers, Versäuerung des Bodens und direkte gesundheitliche Gefährdung der Menschen, etwa durch Wurmkrankheiten, waren die Folge.

Die Tage der Not sind vergessen; heute ist der Kleingarten mit der piekfeinen Fertiglaube aus dem Farbkatalog bebaut. Kaum eine Obst- und Gemüseart, die man nicht zu jeder Jahreszeit preiswert im Supermarkt kaufen könnte; auf den grünen Rasenflächen der Schrebergärten waren bis vor kurzem Hollywoodschaukel und Liegestuhl vielleicht häufiger zu finden als Spaten und Rechen im Gartenhaus. Aber die Parzelle als Nutzgarten gewinnt an Bedeutung; ständig neue Giftskandale bei der Produktion von Nahrungs- und Genußmitteln lassen immer mehr Kleingärtner ihren Garten als Quelle gesunder, ›natürlich‹ erwirtschafteter Frucht- und Gemüsearten nutzen. So wird denn auch im Begleitbuch zur Bundesgartenschau Berlin vorausgesagt: »Das ›Morgen‹ mag für die Parzellen gelten, die den Weg gefunden haben zum Nutzgarten, um hier gesundes, selbstgezogenes Gemüse zu säen, zu pflegen und zu ernten.«

Die ökologische Bedeutung der Kleingärten für die Stadt

Die Ökologie als Teildisziplin der Biologie untersucht einerseits das Zusammenleben von Organismen und die Wechselbeziehungen zwischen den Lebewesen und ihrer Umwelt und forscht andererseits nach den Methoden der Einstellung, Zerstörung und Wiederherstellung von Gleichgewichten in der Natur. Im Zeitalter großer existentieller Gefährdungen der natürlichen Lebensräume, sterbender Wälder und betonierter, versiegelter Städte gibt die ökologische Forschung Auskunft über Belastung und Belastbarkeit von Seen, Flüssen, Wäldern und landwirtschaftlichen Nutzflächen und zeigt die Folgen einseitiger Eingriffe, etwa der chemischen Schädlingsbekämpfung, auf.

In der Bundesrepublik schwanden in den vergangenen Jahrzehnten immer mehr Grünflächen in den Städten, und die Möglichkeiten zu Erholung und Entspannung, zu Sport und Spiel im Grünen wurden dadurch immer mehr beschnitten. Erst in unseren Tagen, nachdem die Ausweisung stets neuer städtischer Flächen als Bauland und eine ständig wachsende Verkehrsbelastung auch die klimatischen Verhältnisse der Städte beeinflußt haben, kommt es zu einem langsamen Umdenken zugunsten der Natur. Heute weiß man, daß neben den öffentlichen Grünanlagen die Kleingartenkolonien nicht nur der Erholung dienen, sondern als unverzichtbare ›grüne Lungen‹ auch zur städtischen Klima- und Luftverbesserung entscheidend beitragen. So schwächen im Sommer die Pflanzen in den Kleingärten durch Staubbindung, Verdunstungskühlung, Luftbefeuchtung und Beschattung Hitze, Trockenheit und Staub der Großstadt ab und verbessern damit die Lebensbedingungen für den Städter.

Das großflächige, asphaltierte Straßennetz und die dichte Bebauung mit Gebäuden sind gigantische Wärmespeicher, die sich im Sommerhalbjahr tagsüber durch die Sonnenbestrahlung aufladen und die abendliche Abkühlung der Stadtluft abschwächen. An heißen Tagen kann die Temperatur eng bebauter Stadtzentren mit wenig Grünfläche um etwa 10° C über der des grünen Stadtrands liegen. Die hochsteigende warme Luft über der Stadt saugt die kältere Luft von Stadtrand und Umland an, die sich nun ebenfalls erwärmt und sich auf dem Strom zum Stadtkern mit Staubteilchen anreichert und schließlich, hoch über der Stadt, eine ›Käseglocke‹ aus Schmutz und Staub bildet. Diese

Schicht schluckt nicht nur einen immensen Teil des Sonnenlichts (Untersuchungen zeigen, daß im Winter etwa 30 Prozent der ultravioletten Sonnenstrahlung den Staubmantel nicht passieren), sondern begünstigt auch die Entstehung von Nebeln. Im Winterhalbjahr sollen Nebeltage in der Großstadt doppelt so häufig vorkommen wie im stadtnahen Umland. Die Aufheizung und Luftverschlechterung wird noch verstärkt durch die Abgase von Industriebetrieben, privaten Haushalten und Kraftfahrzeugen. In ländlichen Gegenden ist für eine ständige Kühlung gesorgt, indem Niederschläge im Boden versickern, von den Pflanzen aufgenommen und verdunstet werden; in der Großstadt ist diese Verdunstungskühlung teilweise unterbunden, weil die Regenmengen über das Kanalisationssystem sofort abgeführt werden.

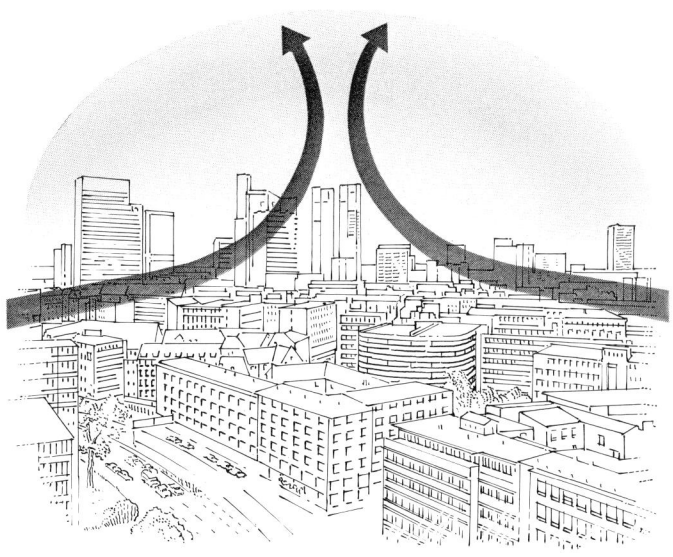

Warme Luft über der Stadt saugt Luft aus dem Umland an – eine Staubglocke entsteht

Die Bäume, Sträucher und Hecken der Kleingärten erzeugen durch ihre reiche Beblätterung ein besseres Kleinklima. Die grünen Pflanzen bieten mit ihrem Laubdach nicht nur Sonnenschutz an heißen Sommertagen, sondern durch die insgesamt riesige Oberfläche ihres Blattwerks – die bei Bäumen bis zu zehnmal so groß sein kann wie die Bodenfläche, die sie bedecken – sind sie auch ein wirksames ›biologisches Luftverbesserungs-Labor‹. Unter Ausnutzung des Sonnenlichts nehmen sie das Kohlendioxid aus der Luft auf und geben Sauerstoff und Wasserdampf ab, der aus den Spaltöffnungen der Blattunterseiten austritt und so die Luft befeuchtet und abkühlt. Schon niedere Hecken und kleinere Bäume – etwa Apfel- oder Pflaumenbäume von geringerer Wuchshöhe, wie sie in Kleingärten gepflanzt und gepflegt werden – befeuchten die Umgebung Tag für Tag mit mehreren Dezilitern Wasserdampf; eine gesunde Rotbuche oder eine große Linde gibt sogar etwa 500 Liter Wasserdampf

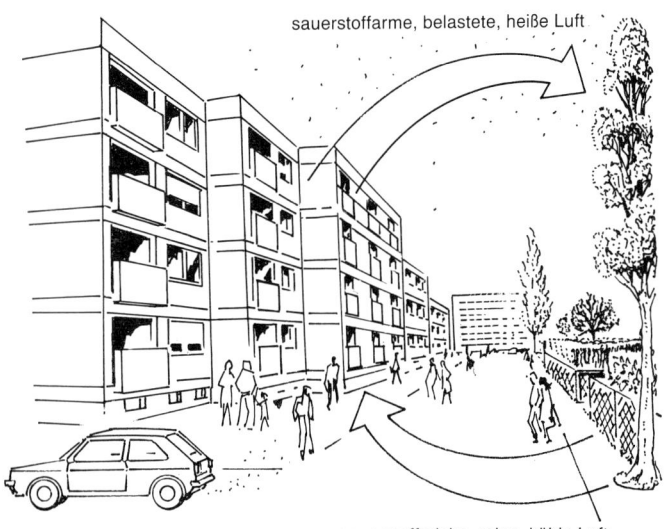

täglich ab. Durch die Temperaturunterschiede zwischen den bebauten Flächen und den Gartenkolonien entsteht ein Kreislauf, der für eine ständige Bewegung der mit Staubteilchen durchsetzten Stadtluft sorgt – die Verunreinigungen werden bei der Aufnahme der Luft durch die Spaltöffnungen der Blätter weitgehend gesiebt, abfiltriert, ausgekämmt. Somit sorgen die Pflanzen der grünen Parzellen auch für die Erhaltung eines guten Atemklimas; die trockene und staubige Luft in Städten ohne ausreichende Begrünung hat schon bei vielen Bewohnern zu Reizung von Atemorganen und Schleimhäuten und zu einer erhöhten Infektionsanfälligkeit geführt.

Die Sauerstofferzeugung durch Pflanzen ist überhaupt die Grundlage des Lebens auf der Erde. Das geschlossene System in unserer Erdatmosphäre mit der Einhaltung des Gleichgewichts von Kohlendioxid und Sauerstoff ist die Voraussetzung für die Existenz von Mensch und Tier. Erzeugung und Verbrauch von Sauerstoff sind nicht örtlich aufzurechnen, sondern nur global für die Luftschicht der Erde zu bilanzieren. Die Sauerstoffproduktion von öffentlichen Parkanlagen und Schrebergartenkolonien ist deshalb nicht meßbar und im Vergleich etwa zu den riesigen Urwäldern der Tropen auch nicht bedeutsam.

Eine wichtige Aufgabe aber kommt den Kleingärten als Lebensraum für in der Stadt mittlerweile seltene und gefährdete einheimische Tier- und Pflanzenarten zu, als Refugium für Vögel, Eidechsen, Lurche, Schnecken und Insekten. Dabei steigt der ökologische Wert der Anlagen mit der Größe einer zusammenhängenden Kolonie und dem Grad der Bepflanzung mit standortheimischen Pflanzen, die als Zierpflanzen den Vorzug haben sollten vor zweifellos schönen und auch zu unserem Klima passenden Pflanzengästen aus anderen Kontinenten. Die heimische Tierwelt in der Stadt kann nur erhalten werden, wenn in der Bepflanzung der Grünflächen und deren Pflege den Ansprüchen der Tiere Rechnung getragen wird. Der wunderbar gepflegte, stets kurz gehaltene ›englische‹ Rasen ist wohl eine geeignete Spielfläche, hat aber für Grasfrosch oder Schmetterling,

Zauneidechse oder Libelle keinen Wert. Eine Kleingartenanlage, die sonnige, dicht bepflanzte Teiche ohne Fischbesatz aufweist, hilft als mögliches Laichgewässer den heute besonders gefährdeten, durch die Trockenlegung auch kleinster Feuchtgebiete stark zurückgedrängten einheimischen Amphibien, den Fröschen, Kröten, Molchen.

Der Teich im Kleingarten –
Refugium für viele gefährdete Tierarten

In einer natürlichen Wirtschaftsweise bearbeitete Kleingärten schonen aber auch die Umwelt: Durch den Anbau in Mischkulturen werden die Pflanzen biologisch geschützt, auf den Einsatz künstlicher chemischer Schädlingsbekämpfungsmittel wird verzichtet, und die Anlegung von Kompostmieten macht den Kunstdünger entbehrlich. Die Regen-

tonne, die unter dem Ablaufrohr der Rinne am Laubendach steht und die Wasserreserven für das Gießen und Sprengen der Pflanzen speichert, ist in Kleingärten häufig und sinnvoll, erspart sie doch den Gärtnern einen Teil des Wassergelds und den Städten ein wenig die ohnehin wachsenden Sorgen um die Zukunft der Trinkwasservorräte.

Schließlich entlastet das Kleingartenwesen auch indirekt die Umwelt: Heute sind etwa eine halbe Million Kleingärtner in den deutschen Kleingartenvereinen organisiert; eine halbe Million Menschen, die in ihrer Freizeit am Wochenende sonst das täten, was so viele der Städter ohne eigenen Garten tun, sie würden mit dem Auto ins Grüne fahren. Durch den Aufenthalt in ihrem nahen Kleingarten jedoch ersparen die Kleingärtner sich und anderen Lärm und Gestank von noch mehr Kraftfahrzeugen.

Kleingarten und Recht

Die historische Entwicklung der Schrebergärten zeigt, daß seinerzeit die Kleingärtner ohne verbindlichen Rechtsrahmen und ohne jeden Schutz durch Kommune und Staat ihre Parzelle beackerten. Heute ist die Anlage, Bebauung und Pflege der Kolonien durch ein festes Netz aus Gesetzen, Verordnungen und Vereinsvereinbarungen geregelt, und kein Schrebergärtner kommt daran vorbei, sich über diese Reglementierungen zu informieren. So achten die Kleingarten-Vereinsvorstände gemäß dem Selbstverständnis der Landesverbände und nach den behördlichen Verfügungen auf die strenge Erfüllung der Verpflichtungen, die der Kleingärtner mit der Pachtung der Parzelle übernommen hat.

Der Rechtsrahmen für das Kleingartenwesen hat drei Ebenen, die alle wesentlichen Merkmale des Gartens und der Kolonie festlegen:
- Das ›Bundeskleingartengesetz‹ vom 28. Februar 1983 regelt für die Bundesrepublik die Grundlagen des Kleingartenwesens;

- fachliche Weisungen und bauaufsichtliche Anordnungen der Bundesländer und Städte reglementieren die Nutzung der Kleingartenanlage im Detail;
- die Gartenordnungen der Vereine legen die Verpflichtungen der Mitglieder, die Auflagen für Gemeinschaftsleistungen, für Bepflanzung und Pflege konkret fest.

Das ›Bundeskleingartengesetz‹ (BKleingG), im Februar 1983 in der Nachfolge früherer Reichsgesetze von Bundestag und Bundesrat beschlossen, trat am 1. April 1983 in Kraft. In ihm werden Größe und Bestimmung des Kleingartens abgesteckt, die Pachtbestimmungen – Pachtzins, Vertragsdauer, Kündigung – festgelegt. In § 1 heißt es: »Ein Kleingarten ist ein Garten, der

1. dem Nutzer zur nichterwerbsmäßigen gärtnerischen Nutzung, insbesondere zur Gewinnung von Gartenbauerzeugnissen für den Eigenbedarf, und zur Erholung dient und

2. in einer Anlage liegt, in der mehrere Einzelgärten mit gemeinschaftlichen Einrichtungen, zum Beispiel Wegen, Spielflächen und Vereinshäusern, zusammengefaßt sind.«

Damit ist der Sinn der Kleingärten definiert; das Pachten einer Parzelle, um dort einen intensiv bewirtschafteten Nutzgarten einzurichten und nach der Ernte etwa Möhren und Kohl auf dem Wochenmarkt zu verkaufen, ist nicht gestattet. Eigentümer-, Wohnungs-, Arbeitnehmergärten und das sogenannte ›Grabeland‹ sind keine Kleingärten und stehen nicht unter dem Schutz dieser Verordnungen.

Wie groß aber darf ein Kleingarten sein? Darf der Schreber seine Parzelle nach seinen Ideen bebauen, vielleicht mit einem Häuschen, das sogar zum Bewohnen im Winter geeignet ist? – Das Bundesgesetz bestimmt in § 3: »(1) Ein Kleingarten soll nicht größer als 400 Quadratmeter sein. (2) Im Kleingarten ist eine Laube in einfacher Ausführung mit höchstens 24 Quadratmetern Grundfläche einschließlich überdachtem Freisitz zulässig; ... sie darf nach ihrer Beschaffenheit, insbesondere nach ihrer Ausstattung und Einrichtung, nicht zum dauernden Wohnen geeignet sein.«

Schon bestehende Gärten, die manchmal auch 600 – 800 qm und mehr umfassen und oft mit stabilen, größeren Häuschen bebaut sind – in den Nachkriegsjahren entstanden und noch heute als feste Wohnstätte dienend –, sind von dieser Bestimmung ausgenommen. Bei Neuanlagen von Gärten aber überschreitet die Fläche heute nicht mehr die geforderten 400 qm. Und für den Städter, der sich einen zweiten Wohnsitz in landschaftlich schöner Umgebung wünscht, ist der Kleingarten die falsche Erwerbung.

Kleingartenland, das in der Bundesrepublik zu etwa 75 Prozent Eigentum der Kommunen, der Deutschen Bundesbahn und der Kirchen ist, kauft man nicht, mietet man nicht, sondern pachtet man nach den allgemeinen Vorschriften des ›Bürgerlichen Gesetzbuchs‹ (BGB) als ›Unterpächter‹ von einem ›Zwischenpächter‹. Und das Bundeskleingartengesetz bestimmt zum Schutz des einzelnen Kleingärtners, wer hier der ›Zwischenpächter‹ sein darf: »Ein Zwischenpachtvertrag, der nicht mit einer nach Landesrecht als gemeinnützig anerkannten Kleingärtnerorganisation oder der Gemeinde geschlossen wird, ist nichtig.« Und was eine ›gemeinnützige Kleingärtnerorganisation‹ sein kann, sagt der § 2: »Eine Kleingärtnerorganisation ist gemeinnützig, wenn sie im Vereinsregister eingetragen ist, sich der regelmäßigen Prüfung der Geschäftsführung unterwirft und wenn die Satzung bestimmt, daß

1. die Organisation ausschließlich oder überwiegend die Förderung des Kleingartenwesens sowie die fachliche Betreuung ihrer Mitglieder bezweckt,

2. erzielte Einnahmen kleingärtnerischen Zwecken zugeführt werden und

3. bei der Auflösung der Organisation deren Vermögen für kleingärtnerische Zwecke verwendet wird.«

Für den Schrebergärtner ist natürlich wichtig zu wissen, wie hoch die Pachtkosten für seine Parzelle sein können. Auch hier ist eine Regelung getroffen, indem der Rahmen für die Pacht der ganzen Kolonie in § 5 abgesteckt wird: »(1) Als Pachtzins darf höchstens der doppelte Betrag des ortsüblichen Pachtzinses im erwerbsmäßigen Obst- und Gemüseanbau, bezogen auf die Gesamtfläche der Kleingartenanlage, verlangt werden. Die auf die gemeinschaftlichen Einrichtungen entfallenden Flächen werden bei der Ermittlung des Pachtzinses für den einzelnen Kleingarten anteilig berücksichtigt.« – Was der ›ortsübliche Pachtzins‹ ist, stellt im Zweifelsfall auf Antrag ein Gutachterausschuß fest, der nach den Richtlinien des Bundesbaugesetzes eingerichtet wird. Damit ist klar, daß die Pachtkosten für das Land der Gemeinden in der Bundesrepublik nicht einheitlich sein können; Kleingartenland auf bestem, fruchtbaren Boden im Marschenland hat einen höheren Wert als eine Kolonie auf sandigem, kargem Boden.

Aber es geht hier ohnehin nicht um riesige Summen, um die sich der Kleingärtner Sorgen machen müßte: Für alle Parzellen in Deutschland liegen im Schnitt die Pachtkosten bei etwa 0,25 – 0,50 DM je qm Garten und Jahr; bei einer 300 qm großen Parzelle sind das reine Pachtkosten von 75 – 150 DM je Jahr.

Pachtverträge über Dauerkleingärten werden unbefristet abgeschlossen. Wie aber ist es um den Kündigungsschutz des Gärtners bestellt? Muß der Schreber ständig auf der Hut sein und fürchten, daß er seinen liebevoll angelegten Garten verliert, wenn es der Gemeinde oder dem privaten Landeigentümer aus irgendwelchen Gründen in den Kram paßt? Es gibt sechs Gründe für die schriftliche ordentliche Kündigung durch den Verpächter:

1. wenn der Kleingärtner, obwohl darauf hingewiesen und ermahnt, die Parzelle nicht kleingärtnerisch nutzt (siehe § 1) – »... insbesondere die Laube zum dauernden Wohnen benutzt, das Grundstück unbefugt einem Dritten überläßt, erhebliche Bewirtschaftungsmängel nicht innerhalb einer angemessenen Frist abstellt oder geldliche oder sonstige Gemeinschaftsleistungen für die Kleingartenanlage verweigert«,

2. wenn die Kleingartenanlage neu geordnet werden muß, neue Wege, Spielplätze oder Parkplätze errichtet werden sollen,

3. wenn der Eigentümer das Land selbst als Kleingarten nutzen will und anderes Land für ihn nicht bereit steht,

4. wenn der Eigentümer das Land nach dem Bauplanungsrecht auch anders nutzen darf und durch die Fortsetzung der Verpachtung als Kleingarten ›erhebliche Nachteile‹ erleiden würde,

5. wenn die Kleingartenanlage im Bebauungsplan als Bauland ausgewiesen ist und nun so genutzt werden soll,

6. wenn die Anlage anderweitig genutzt werden soll und nach ›abgeschlossener Planfeststellung‹ und für Zwecke nach dem ›Landbeschaffungsgesetz‹ nun benötigt wird.

Der Kleingärtner kann also nicht absolut sicher sein vor der Auflösung der Kolonie und seines Gartens. In seinem wichtigsten Punkt aber zwingt das Bundeskleingartengesetz die Gemeinden, über die endgültige Nutzung der Flächen, auf denen Kleingärten bestehen oder errichtet werden sollen, bis zum 31. März 1987 zu entscheiden. Wird das Land für Parzellen vorgesehen, so ist eine andere Nutzung dann nicht mehr möglich: Ein ›Dauerkleingarten‹ entsteht, und der Kleingärtner muß um seine Parzelle nicht mehr fürchten.

Um den Schrebergärtner im Falle der Kündigung nicht etwa nach der Saat und vor der Ernte des Grundstücks zu ›berauben‹ und um seine Erträge zu bringen, ist die fristgerechte Kündigung nur zum 30. November zulässig. Abgesehen von einer Kündigung, weil er seine Parzelle vernachlässigt oder nicht kleingärtnerisch genutzt hat, hat der Kleingärtner beim Verlust seines Gartens Anspruch auf eine Entschädigung für Laube, Gerätehäuschen und Anpflanzungen.

Aber der Verpächter hat auch das Recht zu fristloser Kündigung. Das Bundeskleingartengesetz bestimmt in § 8:

»Der Verpächter kann den Kleingartenpachtvertrag ohne Einhaltung einer Kündigungsfrist kündigen, wenn

1. der Pächter mit der Entrichtung des Pachtzinses für mindestens ein Vierteljahr in Verzug ist und nicht innerhalb von zwei Monaten nach schriftlicher Mahnung die fällige Pachtzinsforderung erfüllt oder

2. der Pächter oder von ihm auf dem Kleingartengrundstück geduldete Personen so schwerwiegende Pflichtverletzungen begehen, insbesondere den Frieden in der Kleingärtnergemeinschaft so nachhaltig stören, daß dem Verpächter die Fortsetzung des Vertragsverhältnisses nicht zugemutet werden kann.«

In vielen Bundesländern und Städten wird das Kleingartengesetz durch ›fachliche Weisungen‹ und Anordnungen der Behörden, insbesondere der Bauämter, ergänzt. Solche Ordnungen legen die erlaubten Ausführungen der Lauben fest, die Beschaffenheit der sanitären Einrichtungen, die Gestaltung von Spielhäuschen und Wasserbecken, die Anlage von Kompostmieten und anderes. Beispielhaft seien hier die Bestimmungen für Hamburg aufgeführt, die so oder ähnlich auch für andere Bundesländer gelten.

Der wichtigste Punkt ist zweifellos die Regelung der Laubenausführungen. In Hamburg sind 33 Laubentypen erlaubt, die mit klingenden Namen wie ›Alster‹, ›Bille‹ oder ›Kollau‹ bezeichnet werden. Ihre Grundfläche, ohne den überdachten Freisitz gemessen, liegt zwischen 9,17 und 20,01 qm. Zusammen mit den überdachten Terrassen von 1,71 bis 5,13 qm umfassen die zulässigen Lauben Grundflächen von insgesamt 10,88 bis 23,27 qm; damit wird dem Bundeskleingartengesetz gefolgt, das ja nur Lauben bis zu 24 qm Grundfläche zuläßt. Die 33 Laubenausführungen sind von der Baubehörde typengenehmigt, und mit der Typengenehmigung sind alle bauordnungsrechtlichen Voraussetzungen erfüllt.

Für den Kleingärtner macht das die Bebauung seiner Parzelle einfach: Er informiert sich beim Landesverband der Kleingärtner über die zulässigen Laubentypen, nimmt Einblick in die dort vorhandenen Bauzeichnungen, besucht die Holzhandlungen, die jene Lauben liefern und errichten, und wählt je nach Geschmack und Geldbeutel sein Häuschen. Wie er die neue Laube auf seiner Parzelle aufstellen lassen darf, erfährt der neue Gartenfreund über den Vorstand seines Vereins aus dem Lageplan, der den Standort der Laube auf der Parzelle vorschreibt. Die Laube muß mindestens 2,5 m von der Parzellengrenze entfernt sein. Doch der Kleingärtner muß noch mehr beachten:

Keller Lauben dürfen nicht unterkellert sein; jedoch sind Frischhaltegruben bis zu einer Größe von 2 qm und einer Tiefe von 50 cm erlaubt, wenn der Zugang durch eine Fußbodenklappe erfolgt.

Die Frischhaltegrube ersetzt den Keller — Frischhaltegrube

Terrassen Befestigte Sitzplatzflächen im Freien sind erlaubt bis zu einer Größe von 20 qm, abzüglich der überdachten Freisitzfläche, die zur Laube gehört. Die Terrasse kann mit einer 120 cm hohen Brüstung eingefriedet oder mit Spalierwänden oder Pergolen umfaßt werden. Markisen sind erlaubt.

Wasserleitung Wasserzapfstellen in der Laube sind nicht gestattet; Duschen dürfen nicht installiert werden.

Toiletten Empfohlen sind Streutoiletten mit Torf, Rindenschrot, Strohhäcksel oder Sägemehl oder Verdunstungstoiletten – das sind Trockentoiletten, bei denen durch eine Wärmevorrichtung Fäkalien und Urin schnell in organische Trockensubstanz umgewandelt werden –, wenn vor der Verwendung im Garten die Kompostierung sorgfältig durchgeführt wird. Auch Chemietoiletten und sogenannte

›Verpackungstoiletten‹ sind erlaubt, wenn der Verein die hygienische Lagerung in gemeinschaftlichen Sammelbehältern und die regelmäßige Abfuhr organisiert. Spültoiletten, WCs, dürfen in die Kleingartenlaube nicht eingebaut werden.

Heizung Kleingärtner dürfen nur elektrisch oder mit Flüssiggas-Brennern heizen; ortsfeste Feuerstellen, Öfen und Kamine sind nicht zulässig. Flüssiggas darf nur in Flaschen mit einer Füllmenge bis zu 14 kg gelagert werden; es kann jedoch ein Anbau für die Lagerung von Flüssiggasbehältern errichtet werden.

Wasserbecken In den einzelnen Parzellen können kleine Wasserflächen bis zu 5 qm Größe eingerichtet werden, jedoch keine Schwimm- und Badebecken.

Spielbuden Der Kleingärtner darf für die Kinder ein Spielhäuschen auf der Parzelle errichten, das aus Holz gebaut sein soll und eine Größe bis zu 160 cm Breite, 140 cm Tiefe und 160 cm Höhe haben kann. Es muß transportabel sein und ohne Fundament.

Spielhäuschen machen den Kleingarten für Kinder noch schöner

Treibhäuser Ein Kleingewächshaus kann im Garten aufgestellt werden, soll aber nicht beheizt werden. Es darf bis zu 3 m lang und 2 m breit sein und eine Firsthöhe von höchstens 2 m aufweisen.

Roden von Anpflanzungen Hecken, Sträucher, Knicks und Bäume, die bereits bei der Anlage des Gartens vorhanden waren, dürfen nur mit Zustimmung der Gartenbaubehörde ausgelichtet, gekappt oder gerodet werden.

Bienenstände Bienenstände dürfen nur mit Zustimmung des jeweiligen Vereinsvorstandes als festes Bauwerk errichtet werden.

Kompostmieten Komposthaufen müssen so angelegt werden, daß überschüssiges Sickerwasser nicht in Entwässerungsgräben abfließen und der Untergrund nicht beeinträchtigt werden kann. Nichtkompostierbare Abfälle sind auf einem zentralen Müllsammelplatz zu lagern, den der Verein errichtet, oder der Müllabfuhr direkt zuzuführen. Abwasser, wie beispielsweise Geschirrspül- und Händewaschwasser, soll mit verrottbaren Abfällen zusammen kompostiert werden.

Antennen und Telefon In den einzelnen Kleingärten dürfen Fernsprechapparate nicht installiert werden; für Fernseh- und Rundfunkgeräte sollen keine Außenantennen aufgestellt werden.

Solche fachlichen Weisungen und Verfügungen der Behörden schaffen in Zusammenhang mit dem Bundeskleingartengesetz die rechtliche Bandbreite, in der sich nun die Landesverbände und Vereine ihre eigenen ›Gartenordnungen‹ geben. Sie sind von Verein zu Verein, von Verband zu Verband verschieden: In manchen Gegenden etwa mag die Taubenhaltung und -zucht traditionell eine solche Bedeutung haben, daß auch die Gartenordnung dem Kleingärtner dieses Hobby gestattet; in anderen Regionen dagegen erwähnt die Vereinsordnung nicht einmal das Thema ›Taubenhaltung und Taubenzucht‹, weil man mit keinem Interesse an diesen Tieren rechnet und erst auf Anfrage eines neuen Mitgliedes dazu Stellung nimmt. Jeder Interessierte, der einen Kleingarten erwerben und Aufnahme in einen Verein finden möchte, sollte daher zuerst um die Aushändigung der Gartenordnung bitten. So kann er sich vor späteren Enttäuschungen schützen und sicher sein, daß der gewählte Verein für ihn der richtige ist. Mit der Pachtung der Parzelle erkennt der neue Kleingärtner nämlich die Gartenordnung als verbindlichen Vertragsbestandteil an. Die folgende Aufzählung soll zeigen, welche Vorschriften eine Gartenordnung machen kann:

Pflege des Gartens Der Kleingärtner verpflichtet sich zur Anlage und Pflege seiner Parzelle im Sinne des Pachtvertrages und der Gartenordnung. Ist der Pächter krank, so kann er mit Zustimmung des Vereinsvorstandes jemanden zur Instandhaltung des Kleingartens einsetzen.

Gewerbe im Garten Der Pächter darf seine Mitgliedschaft im Verein und seinen Kleingarten nicht dazu nutzen, zu seinem Vorteil einen regen Handel zu betreiben; etwa Getränke oder Zeitungen, Saatgut oder Pflanzen zu verkaufen.

Kraftfahrzeuge Das Basteln am Auto, das Waschen und Pflegen des Autos in der Kolonie wird nicht erlaubt. Das – natürlich langsame – Befahren der Anlage ist nur gestattet, wenn der Kleingärtner sperrige oder schwere Lasten befördern muß.

Tierhaltung Oft ist die Tierhaltung auf der Parzelle generell nicht gestattet; jedoch dürfen die eigenen Haustiere, ob Hund oder Katze, mit in den Garten gebracht werden. Es versteht sich dabei von selbst, daß auf die Nachbarn Rücksicht genommen werden muß und etwa der Hund nicht pausenlos bellen darf.

Mittagsruhe Jeder Lärm in der Mittagszeit zwischen 13.00 und 15.00 Uhr ist zu vermeiden, ebenso ganztägig an Sonn- und Feiertagen. In vielen Anlagen ist außerdem die Benutzung der lauten Rasenmäher mit Benzinmotor nicht gestattet. Aber auch mit Hand- und Elektromäher darf meist nicht in den Mittagsstunden und an Sonn- und Feiertagen gearbeitet werden.

Aufteilung des Gartens Die früher übliche Dreiteilung der Parzelle in ⅓ Rasen, ⅓ Nutzgarten und ⅓ Ziergarten wird heute oft nicht mehr gefordert. Heute soll der Kleingärtner in der Regel sein Land mindestens zur Hälfte für den Gemüse- und Obstanbau nutzen; der Rest kann als Erholungsgarten mit Blumen, Sträuchern und Rasenfläche angelegt werden.

Pflanzvorschriften Bäume, die eine Wuchshöhe von 400 cm überschreiten werden, sollen nicht gepflanzt werden; sind sie doch vorhanden, müssen sie gestutzt werden, wenn sie diese Höhe erreicht haben. Wenn die Beschattung der großen Pflanze jedoch nicht die Nachbargärten trifft, kann der Vereinsvorstand der Erhaltung des Baumes auf Antrag zustimmen.

Sichtschutz Ob ein Kleingarten mit hohen Hecken oder Spalierwänden und anderen Sichtschutzeinrichtungen vor der Einsicht durch Fremde geschützt werden darf, hängt davon ab, welchen Bestimmungszweck die Gemeinde oder Stadt für die Kolonie vorsieht. Heute werden Kleingartenkolonien oft als ›offene Anlagen‹ gestaltet; Wege und Gemeinschaftsflächen der Vereine, Ruhebänke und Bepflanzungen sollen allen Bürgern, nicht nur den Kleingärtnern zugute kommen. Jeder soll die Kolonie als Naherholungsgebiet nutzen und die Schönheit der Gärten bewundern dürfen. – Bei offenen Anlagen also wird der Vereinsvorstand auf keinen Fall zustimmen, wenn der Kleingärtner seine Parzelle durch Sichtschutzeinrichtungen vollständig abschirmen möchte.

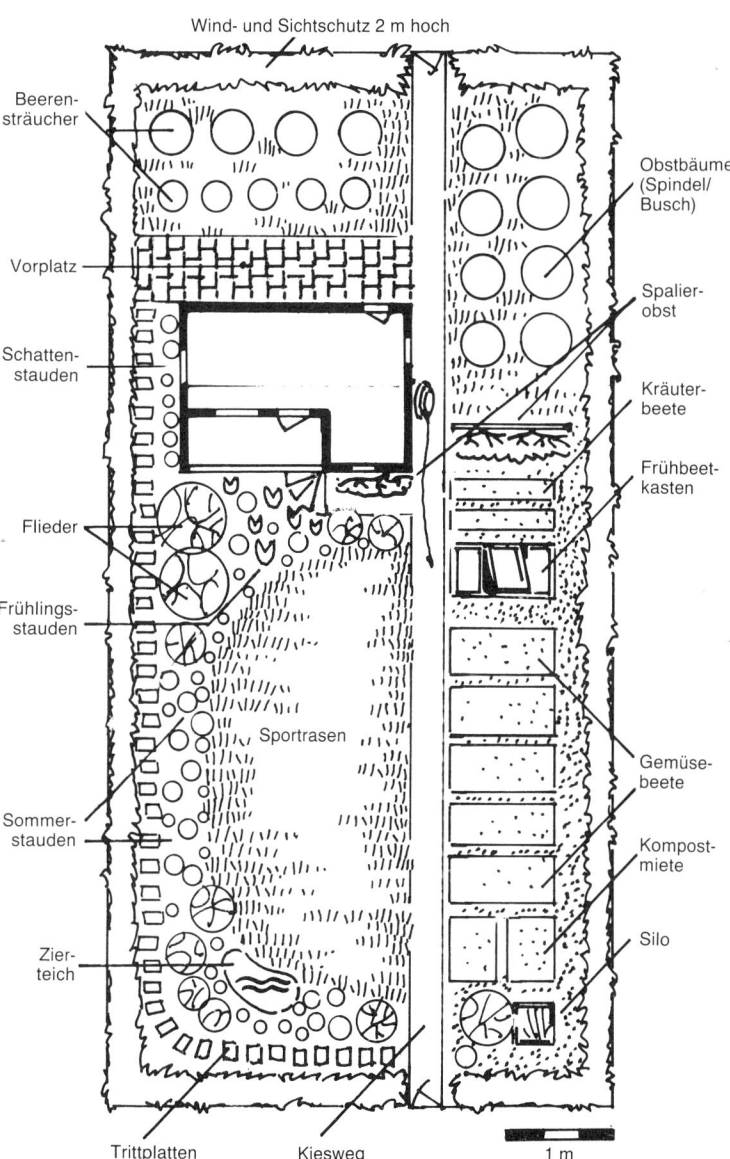

Eine Sichtschutzhecke ist in vielen Anlagen nicht erlaubt

Einhaltung der Gartenordnung Die gesetzlichen Vorschriften fordern, daß die von den Vereinsmitgliedern demokratisch gewählten Vorstände die Einhaltung der Bestimmungen überwachen. So manche Gartenordnung berechtigt daher den Vorstand, bei mutmaßlichen Verstößen des Schrebers Garten und Laube nach vorheriger Anmeldung zu inspizieren. Bei einer Verletzung des Vertrages, etwa einer unzulässigen Bebauung der Parzelle oder der Anlage eines Swimming-Pools, muß der Kleingärtner den ordnungsgemäßen Zustand des Gartens auf eigene Kosten wiederherstellen. Der Vorstand kann einen Verstoß allerdings auch mit einer Geldbuße ahnden, deren Höhe in der von den Mitgliedern beschlossenen Gartenordnung festgelegt wird.

Wer aus der Enge seiner Stadtwohnung heraus ein wenig Freiheit und Kreativität im grünen Garten sucht und sich für die Pachtung einer Parzelle interessiert, der mag das Rechtsnetz aus Kleingartengesetz, behördlichen Verfügungen und Gartenordnung als ein wenig einengend empfinden. Aber beim alltäglichen Geschehen in der Kolonie, bei der Arbeit und Erholung im Kleingarten sind die Vorschriften letztlich kein Thema mehr; und die Bestimmungen sollen schließlich nur den Schutz des einzelnen Gärtners gewährleisten, sollen eines sicherstellen: Die Freiheit des Kleingärtners im Garten kann lediglich so weit gehen, wie sie die Freiheit des Nachbarn nicht beschneidet.

Erwerbung und Kosten des Kleingartens

Wie erwirbt man eine Parzelle? Man schaut in das örtliche Telefonbuch unter ›Kleingartenvereine‹ und bewirbt sich dort um einen freien Garten. Oder man wendet sich an den Landesverband (siehe Anhang: ›Adressen‹), der in der Regel über freie, neu zu vergebende Gärten und über die Neuanlage von Kolonien informiert ist und Kontakte zwischen Bewerber und Verein herstellen kann. Doch die

Anzahl der Bewerber, die einen Kleingarten pachten möchten, übersteigt im Bundesgebiet bei weitem die Zahl der freien Gärten oder geplanten Neuanlagen. Deshalb bestehen in manchen Städten Wartelisten, nach denen freie Parzellen in der Reihenfolge der Bewerbungseingänge vergeben werden. Andernorts dagegen mag man Glück haben und kann sofort einen Kleingarten erhalten.

Aber längst nicht jeder Garten in einer großen Stadt ist für den neuen Gärtner geeignet: Sehr wichtig ist eine nicht zu große Entfernung zwischen Wohnung und Kleingarten. Die Pflege des Gartens ist ja nicht mit der Aussaat im Frühjahr und der Ernte im Herbst getan, und an so manchen heißen Sommerabenden müssen die Pflanzen gewässert und muß Unkraut gejätet werden. Da nimmt eine Kolonie, die man von Arbeitsstätte oder Wohnung erst nach Stunden erreicht, die Freude an der Beschäftigung im Garten. Parzellen, die man zu Fuß oder mit dem Fahrrad bequem in 10 bis 20 Minuten erreichen kann, die in U-Bahn- oder Buslinennähe liegen, sind ideal; nur den in der Nähe gelegenen Garten wird man auch gern täglich aufsuchen.

Die Kosten für die Erstanlegung eines Kleingartens in einer neugegründeten oder schon bestehenden Kolonie, die das neue Vereinsmitglied tragen muß, hängen wesentlich von der Ausführung der Laube ab; eine weniger große Rolle spielt die Größe der Parzelle, die ohnehin 400 qm nicht mehr überschreiten wird. Es soll Fälle gegeben haben, in denen Kleingärtner bis zum Ende des ersten Jahres der Gartenbenutzung 40000 DM und mehr für Pachtung, Auf- und Ausbau der Laube, Anlage des Gartens und Bepflanzung ausgegeben haben.

Solche finanziellen Dimensionen können nicht die Regel sein und werden der Aufgabe und dem Sinn des modernen Kleingartens auch nicht gerecht. Denn Erwerb und Bebauung eines Schrebergartens müssen für jeden finanziell erschwinglich bleiben, was glücklicherweise in den meisten Städten auch der Fall ist.

Mit welchen Kosten also muß man rechnen, wenn man einen Kleingarten bewirtschaften will?

Pachtkosten Das Kleingartengesetz legt den Rahmen für die Pachtkosten fest: Der Pachtzins darf, bezogen auf die gesamte Kleingartenanlage, höchstens doppelt so hoch sein wie der ortsübliche Pachtzins im Obst- und Gemüsebau. Er ist natürlich von Stadt zu Stadt verschieden. Als kleine Rechenhilfe soll die folgende Tabelle dienen, welche die reinen Pachtkosten in Bezug zu Parzellengröße und Quadratmeter-Preis zeigt:

Parzellengröße	200 qm	300 qm	400 qm
DM 0,20 je Jahr und qm	40.–	60.–	80.–
DM 0,30 je Jahr und qm	60.–	90.–	120.–
DM 0,40 je Jahr und qm	80.–	120.–	160.–
DM 0,50 je Jahr und qm	100.–	150.–	200.–
DM 0,60 je Jahr und qm	120.–	180.–	240.–
DM 0,70 je Jahr und qm	140.–	210.–	280.–

Wer also zum Beispiel eine 400 qm große Parzelle mit DM 0,50 je qm pachtet, hat einen reinen Pachtzins von DM 200,– je Jahr zu erbringen. – Unter dem Stichwort ›Pachtverhältnisse‹ sollen hier auch die Gemeinschaftsarbeiten erwähnt werden, zu denen die einzelnen Kleingärtner nach Maßgabe des Vereins herangezogen werden. Für gemeinschaftliche Aufgaben, die also jedes Mitglied betreffen, hat jeder seine Arbeitsstunden zu leisten. Dies kostet somit den einzelnen Schreber kein Geld, sondern hilft dem Verein und seinen Mitgliedern sparen.

Vereinsbeiträge Die Geschäftsführung der Vereine ist natürlich mit Kosten verbunden, etwa Portokosten für in ehrenamtlicher Arbeit des Vorstandes verfaßte Informationsschreiben an die Mitglieder. Diese Kosten müssen die Mitglieder tragen; der Jahresbeitrag liegt je Mitglied bei 40 bis 80 DM. Darin enthalten sind auch die Verpflichtungen des Vereins gegenüber Landesbund und Bundesverband.

Versicherungsbeiträge Die Versicherung der Laube gegen Brand und Einbruch ist für den Kleingärtner sinnvolle Pflicht. Die Beiträge dafür liegen zwischen rund 30 und 70 DM pro Jahr.

Verbrauchskosten Die Kosten für Wasser, Strom, Gaskartuschen, Abfallbeseitigung hängen natürlich wesentlich vom eigenen Verbrauch ab. Im Durchschnitt kann man mit etwa 50 bis 150 DM je Parzelle und Jahr rechnen.

Gartenaufbereitung und Bepflanzung Die neuangelegte Parzelle will bearbeitet sein, der Boden muß umgegraben, gelockert, gedüngt, bepflanzt und gewässert werden. Ohne Hilfsmittel geht das nicht, und sich für jede Arbeit die Geräte des Nachbarn auszuleihen, ist auf Dauer weder für jenen noch für den neuen Kleingärtner selbst bequem und schön.

Gartengeräte müssen also her. Aber man sollte den eigenen Bedarf sorgfältig prüfen und sich nicht von den bunten Katalogen der Geräte-Hersteller zu sehr beeindrucken lassen, in denen teure Rasenmäher wie Luxusautos angepriesen und die neueste Entwicklung eines Unkrautjäters als unverzichtbare, mühelos zu bedienende Wunderwaffe gegen unerwünschte Pflanzen gelobt werden.

Für eine Grundausstattung mit kleinem Rasenmäher, mit Spaten, Schaufel, Rechen, Forke, Jäter, Gartenschere, Wasserschlauch, Schubkarre sind rund 400 bis 700 DM zu veranschlagen. Zusätzlich kann die Anschaffung von Kompostsilo und Regenfaß sinnvoll sein, wenn eine nicht umgrenzte Kompostmiete als ›unordentlich‹ erscheint und wenn der Gärtner Wasser sparen will.

Die Kosten für die Aufarbeitung des Bodens mit organischen Düngemitteln wie verrottetem Stallmist (den man sich in der Regel anliefern lassen wird) sowie für Mist-Trockensubstanz, Hornspäne, Guano-Produkte und reifen Kompost – die im ersten Jahr anfallen, in dem eigener Kompostdünger noch nicht zur Verfügung steht – sind abhängig von Bodenqualität und Parzellengröße. Ebenso entscheiden die eigenen Vorstellungen darüber, wie teuer die Bepflanzung des Gartens mit Bäumen, Sträuchern, Blumen und der Kauf von Nutzpflanzen-Saatgut, Wiesen- oder Rasensaat werden kann. Mit Beträgen ab etwa 200 bis 400 DM kann man rechnen. Die Umzäunung oder sonstige Umgrenzung der Parzelle schlägt je nach den Vorgaben der Gartenordnung ebenfalls zu Buche. Für den Bau eines 80 m langen Zaunes aus Maschendraht mit 60-mm-Karos um eine 400-qm-Parzelle sind mit Pfählen und Spanndraht etwa 350 bis 450 DM Materialkosten zu veranschlagen.

Laube und Ausstattung Der Eigenbau einer Gartenlaube, die den Vorgaben der Behörden oder der Gartenordnung genau entsprechen muß, ist nur dem versierten Handwerker zu empfehlen. Dabei ist oft fraglich, ob eine Laube, die nach Materialeinkauf, Anlieferung der Bauteile, Beschaffung von Werkzeugen und Zusammenbau entstanden ist, tatsächlich weniger Geld gekostet hat als die vergleichbare, in Serie gebaute Fertiglaube aus dem Katalog.

Nervenschonender sind allemal Kauf, Anlieferung und fertige Aufstellung eines kompletten Häuschens, über dessen Konstruktion man sich zuvor gründlich informiert hat. Die möglichen Lauben werden meist als ›Standard‹- und ›Komfort‹-Versionen verkauft. Eine Standardausführung umfaßt oft folgenden Lieferumfang:

- Grundriß der Laube nach genehmigter Serienzeichnung;
- Fundament aus Sockelsteinen mit Verkleidung;
- Fußboden aus fäulnisimprägnierten Spanplatten von mindestens 22 mm Stärke;
- Außenverschalung aus Stülpschalung;
- Isolierung von Decke und Wänden mit Styropor;
- Wände und Decke mit Spanplatten bzw. Profillatten verkleidet;
- je nach Typ Trennwände für Nebenraum und Küche;
- Giebelluke ohne Aufpreis;
- Dach aus gewellten Eternitplatten;
- je nach Typ ein oder mehrere Fenster, fest oder Drehkippausführung, oft aus Mahagoni;

Die Laube steht – nun soll der Garten angelegt werden

- Eingangsvollholz- und Nebenraumtür;
- Längsseitige Regenrinnen mit Fallrohr.

Zu einer teureren Komfort-Ausstattung können folgende Erweiterungen gehören:
- Gesamte Innenverkleidung aus gutem Profilholz;
- Metallrolläden für die Fenster;
- zusätzliche Fußbodenisolierung mit Steinwolle;
- Imprägnierung und wetterfester Außenanstrich;
- Fenster für die überdachte Freisitzfläche.

Für die Extras einer Komfort-Ausstattung sind im Schnitt etwa 2000 bis 4000 DM Aufpreis gegenüber dem Grundmodell anzusetzen. Die Preise für schlüsselfertig gelieferte Lauben sind natürlich regional unterschiedlich; über Kleingartenvereine oder Zeitungsinserate kommt man an Adressen der möglichen Lieferanten und wird sich dort über die Häuschentypen unterrichten lassen. Als Beispiel für das Preisgefüge seien die Verhältnisse in Hamburg aufgeführt:

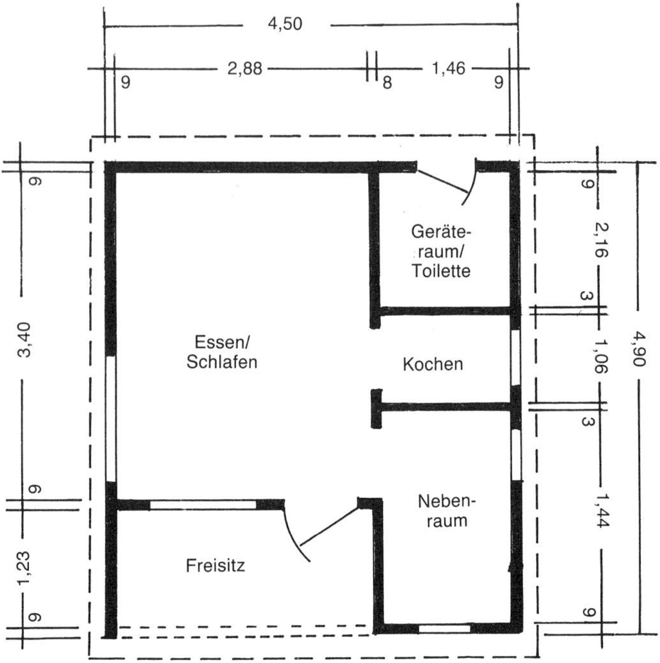

So kann der Grundriß einer Laube aussehen

Klein und fein – keine Laube überschreitet heute noch jene 24 qm Fläche nach dem Kleingartengesetz

Von den einfachen kleineren bis hin zu luxuriösen, bestens ausgestatteten Lauben zieht sich eine Preisspanne von rund 7000 bis 20 000 DM für den schlüsselfertigen Aufbau des Häuschens; jedoch kann man auch knapp 30 000 DM für zugelassene Gartenunterkünfte bezahlen, deren architektonische Gestaltung und Ausstattung schon mit typischen, für längeres Wohnen ausgerichteten Ferienhäusern zu vergleichen ist.

Ein weiterer Punkt, den man in der Kostenrechnung nicht vernachlässigen darf, ist die Einrichtung der Laube und die Anschaffung von Gartenmöbeln. Auch hier kann ein neuer Gartenbesitzer erheblich sparen, wenn er sich nicht von vornherein auf nur nagelneue und teure Möbel festlegt, sondern auch den alten Sessel vom Boden der Stadtwohnung, der schon auf den nächsten Sperrmüll wartet, in der Laube akzeptiert. Unverzichtbar ist in der Regel der Kauf von Campingtoilette, Gaskocher und Lampen für die Laube, doch bei der Entscheidung für Sonnenschirm und Hollywood-Schaukel, für Teppiche und Gardinen kann man sich selbst auf das nächste Jahr vertrösten. Aber auch ein sparsamer Kleingärtner darf für die erste Einrichtung ruhig 1000 DM veranschlagen.

Lassen wir Revue passieren und schauen, was uns die Erstanlegung eines Gartens insgesamt bis zum Ende des ersten Pachtjahres kosten könnte:

Pachtkosten, Vereinsbeitrag, Versicherung, Verbrauchskosten	rund	DM 500.–
Gartenaufbereitung und Bepflanzung	rund	DM 1 500.–
Komfort-Laube und Ausstattung	rund	DM 13 000.–
Summe	etwa	DM 15 000.–

Wie aber ist es um die Kosten bei der Übernahme eines bereits angelegten Kleingartens bestellt? Leider muß eine solche Parzelle für den neuen Kleingärtner nicht unbedingt billiger werden. Natürlich hat der ausscheidende Vorpächter Anspruch auf eine angemessene Abfindung für Laube und

Gartenbepflanzung, die ja mit seinem Geld und durch seine Arbeit geschaffen und gepflegt wurden. Grundlage für die Höhe des finanziellen Ausgleichs ist die Bewertung der Parzelle durch Schätzungskommissionen, die Landesverband und Vereine einsetzen. Alle Einrichtungen im Garten, die für die Parzellenbewirtschaftung sinnvoll und notwendig sind, werden von den erfahrenen Schätzern taxiert; im Streitfall ist ihr Urteil für den bisherigen Garteninhaber und das neue Vereinsmitglied bindend. Alle Dinge, die nicht unmittelbar zum Kleingarten gehören und vom bisherigen Pächter angeschafft wurden, etwa schöne, teure Gartenmöbel, werden nicht durch die Kommission vermittelt; kommt es hier zu keiner Einigung der beiden Parteien, muß der Altpächter eben diese Gegenstände mitnehmen.

Die Übernahme eines bereits angelegten Gartens schränkt eventuell die schöpferische Freiheit des neuen Pächters etwas ein, da die Parzelle schon mit einem bestimmten Laubentyp bebaut ist oder vielleicht alte Obstbäume vorhanden sind, die man selbst an einer anderen Stelle des Gartens gepflanzt hätte. Doch bringen die älteren Obstbäume und -sträucher dem neuen Gartenbenutzer schon in seiner ersten Saison beste Ernten und schaffen eine Gartenharmonie, die man auf einem frisch angelegten Stückchen Land nicht finden wird. Es ist deshalb logisch, daß die dem Vorgänger zu zahlende Abfindung für die ausdauernden Pflanzen mit deren Alter steigt. Ein zwei Jahrzehnte alter, gepflegter und gesunder Obstbaum kann etwa 150 DM und mehr kosten, wenn der Boden an der Pflanzstelle bestens gepflegt und aufbereitet worden ist. Neben allen Obstbäumen, -sträuchern und ausdauernden Zierpflanzen besitzen natürlich auch ein gepflegter, humoser Boden und eine moosfreie, gesunde Rasenfläche einen Wert, für den der neue Gartenfreund seinem Vorgänger finanziellen Ausgleich entrichten muß. Aber es gibt Fälle, in denen vom Guthaben des bisherigen Pächters Abstriche zu machen sind: Jeder Quadratmeter Beetfläche, auf dem das angesiedelte Unkraut die Salatköpfe schon fast verdeckt, kann den Altgärtner mehrere Mark Abzüge kosten.

Auch beim Erwerb eines bereits angelegten Gartens ist die Abstandszahlung für die Laube oft die größte Investition des neuen Pächters. Nur wenige Jahre alte Häuschen sind nach ihrem Neuwert zu vergüten, denn ein Ende der Nutzbarkeit ist bei diesen noch nicht abzusehen. Alte Lauben werden nach Typ, Bauausstattung, Alter und Pflegezustand bewertet und können etwa bis zu einem Drittel ihres Neuwertes bringen.

Die Entscheidung für eine Neuanlage oder für die Pachtung eines bereits angelegten Gartens muß der neue Kleingärtner treffen — wenn er überhaupt die Alternative hat. Es hat wenig Sinn, sich auf eine Neuanlage zu freuen, wenn die Gemeinde in absehbarer Zeit kein Land für neue Kolonien zur Verfügung stellen wird. Dann ist es besser, sich beim Verein seiner Wahl um einen Kleingarten zu bewerben und diese Parzelle Schritt für Schritt nach den eigenen Ideen umzugestalten.

Die Grundlagen
der Kleingartenbearbeitung

Aufteilung und Urbarmachen der Parzelle

Ist nun eine Parzelle erworben worden, geht es an die Aufteilung und Bearbeitung des Gartens. Die gesamte Kolonie ist ja vom Landeigentümer, also meist von der Gemeinde, in die einzelnen Kleingärten eingeteilt worden. Dieser Zuschnitt der Parzelle ist für die spätere Harmonie des Schrebergartens sehr wichtig, denn eine zum Beispiel 400 qm große Parzelle mit einer schlauchartigen Grundfläche von 50 m Länge und 8 m Breite ermöglicht weder eine sinnvolle Aufstellung der Laube noch läßt sich ein gefälliger, in sich geschlossener Garten anlegen.

Ein Kleingarten sollte rechteckig geschnitten sein und ein ungefähres Verhältnis von Breite zu Länge wie 1 zu 1,5 – 1,7 aufweisen. Bei einem 400 qm großen Garten etwa wäre eine Breite von 16 m und eine Länge von 25 m wünschenswert, bei nahezu 200 qm ein Verhältnis von Länge zu Breite wie 18 m zu 11 m durchaus angebracht. Neue Kolonien werden natürlich meist in rechteckige, harmonische Parzellen aufgeteilt; denn andere geometrische Formen, wie beispielsweise Kreisbögen oder trapezförmig geschnittene Stücke, würden einen hohen Verlust der insgesamt zur Verfügung stehenden Koloniefläche bedeuten. Der ›Flächenabfall‹ wäre dann bestensfalls als offene Grünanlage zu nutzen.

Bei der Aufstellung der Laube auf dem Grundstück muß man sich gegebenenfalls an den Lageplan halten, der dem Verein vorliegt. Auf einer Parzelle, deren geplanter Eingang durch eine Pforte oder ein Gartentor von einem Koloniehauptweg abgeht, wird man die Laube im hinteren Drittel des Gartens, vom Weg entfernt, aufbauen. Ideal ist die Nord-Süd-Ausrichtung des Schrebergartens — der südliche Teil sollte am Gemeinschaftsweg liegen und die Laube folglich auf dem nördlichen Drittel stehen; so ist sie vom Fußgängerverkehr auf dem Kolonieweg genügend weit entfernt und die Ruhe des Kleingärtners wird nicht gestört. Aus dem gleichen Grund kann auch die mittige Häuschenaufstellung auf dem nördlichen Gartendrittel mit gleichem Abstand zu den angrenzenden Parzellen ratsam sein; so ist sichergestellt, daß man dem Nachbarn nicht zu nahe rückt und Gespräche auf der Laubenterrasse nicht unfreiwillig von den angrenzenden Parzellen aus mitgehört werden können. Es versteht sich, daß die Laubenseite mit der Terrasse, dem Freisitz, nach Süden weisen sollte, wie es auch bei jedem Hausbau nach Möglichkeit geplant wird — so sind Wärme und Sonne vom Morgen bis zum Abend gegeben, und das ist besonders im Frühjahr und im Herbst wichtig.

Die Aufstellung der Laube erfordert wegen der eventuellen Auflagen und Vorschriften kaum eigene Ideen und Gestaltungskonzepte. Ebenso können die Verpflichtungen zur Gartenaufteilung in Nutz- und Zierflächen sowie die Auflagen zur Umgrenzung der Parzelle durch die Gartenordnung vorgegeben sein. Hier muß sich der neue Kleingärtner vor der weiteren Planung des Gartens informieren, um dem bei der Gestaltung des Kleingartens Rechnung zu tragen.

Steht nun die Laube, ist die Flächenaufteilung in Nutz- und Ziergarten geklärt und die Umzäunung oder die Anlage einer Hecke gemäß der Gartenordnung klar, wird zur Gestaltung der verbleibenden Parzellenfläche ein Gartenplan erstellt. Dieser Plan ist der Grundstein für den Erholungswert der Parzelle und so wichtig für den späteren gärtnerischen Erfolg, daß man sich bei dessen Ausarbeitung ausreichend Zeit nehmen und in aller Ruhe die verschiedensten Möglichkeiten für die Anlage von Beeten und Wiesenstücken, von Kompostmiete und Wegen überdenken sollte.

Dazu zeichnet man den leidlich maßstabsgetreuen Grundriß der Parzelle, trägt Laube, Bäume und Sträucher ein, die vielleicht schon vorhanden sind und die man nicht entfernen will oder darf, und skizziert alle anderen Gartenbestandteile nach den eigenen Ideen. Dabei sollte man die folgenden Punkte nicht vergessen:

Wasserstelle Sofern der Kleingärtner noch Einfluß auf die Verlegung der Wasserleitung hat, sollte der Außenhahn in den Arbeitsbereich des Gartens gelegt werden. Trotz der Bereitschaft zur intensiven Arbeit im Kleingarten gilt für alle notwendigen Tätigkeiten auf der Parzelle: je effektiver und müheloser sie von der Hand gehen, um so mehr Freude machen sie. Deshalb sollte der Wasserhahn auch dort installiert sein, wo man später das Wasser hauptsächlich brauchen wird – also zum Beispiel in der Nähe der angelegten Beete. Empfehlenswert ist eine mit Wegplatten befestigte Wasserstelle, die mit einem eingefügten Drainagegitter versehen ist, so daß man trotz verschütteten Wassers trockene Füße behält.

Gartenwege Die Anlage von Wegen ist ein Kompromiß zwischen Wunsch und Notwendigkeit: Einerseits möchte der Kleingärtner wenig der wertvollen Gartenfläche für Wege opfern, auf der anderen Seite erleichtern breite, großzügige Verbindungen zwischen den einzelnen Gartenpunkten die Arbeit ungemein. Ratsam sind gerade, rechtwinklig von einem Hauptweg abzweigende Arbeitswege, die zu allen wichtigen und häufig aufgesuchten Einrichtungen der Parzelle führen: zur Wasserstelle, zum Komposthaufen, zu Frühbeet und Gewächshaus, zu den Beeten, zum Kräutergarten und natürlich zum Geräteraum und zur Eingangstür der Laube. Bei der Planung der Wege neigt man manchmal dazu, die notwendige Mindestbreite zu unterschätzen, ›weil Wege eben nur dem Durchgang dienen und deshalb nicht eine komfortable Autobahnbreite aufweisen müssen‹. Vernünftig ist die ›Schubkarrenbreite‹ für alle wichtigen Verbindungsstrecken, so daß der Gärtner mit beladener Gartenkarre mühelos, ohne balancieren zu müssen, alle Punkte erreichen kann. Für die Arbeit zwischen den Beeten etwa genügen schmalere Pfade, wenn man die Schubkarre in ›Wurfweite‹ entfernt abstellen kann.

Für die Befestigung der Wege gibt es viele Möglichkeiten: Die einfachste und billigste ist sicherlich das Belassen des vorhandenen Bodens, der entweder festgestampft wird oder sich durch den regen Verkehr mit der Zeit von selbst festigt. Aber ein solcher Weg hat auch seine Nachteile: Je nach Bodenart können sich bei Regen Pfützen und Wasserlachen bilden, und der Gärtner kommt trockenen Fußes nicht mehr durch den Matsch. Außerdem ist ein solcher Weg ein wunderbarer Siedlungsort für Unkräuter, die man im biologischen Schrebergarten zwar nicht mehr fürchtet, weil man ihren Wert für die Tierwelt kennt, die man sich aber auch nicht dort wünscht, wo sie zu Konkurrenten der Kulturpflanzen werden – zum Beispiel auf dem Weg zum Nutzpflanzenbeet, wo sie sich, wenn nicht ständig entfernt, herrlich vermehren und bald auch zwischen Kohlrabi und Weißkohl die Erde bedecken.

Die Anlage von Wegen aus Beton, im Aussehen einer Hauptverkehrsstraße ähnlich, ist für eine gummibereifte Schubkarre zwar praktisch, aber auch teuer und sieht zudem nicht ansprechend aus. Besser geeignet ist die Pflasterung mit Platten oder Ziegelsteinen, die man in den vielfältigsten Mustern gruppieren kann, und die, je älter sie werden, ein um so hübscheres, gediegeneres Bild abgeben. Für diese Weggestaltung hebt man auf den vorgesehenen Flächen etwa 10 – 15 cm Boden ab, füllt den Kanal mit einer 5 – 10 cm starken Sandschicht, die festgestampft wird, und verlegt darauf die Platten oder Steine zum Beispiel im Zickzack oder Fischgräten-Muster. Anschließend wird Sand auf die Steine gestreut, die Fugen werden mit einem Besen zugefegt und die Zwischenräume gefüllt. Geeignet sind auch Kieswege, für die man ebenfalls einen etwa 10 cm tiefen Kanal aushebt, den Untergrund verfestigt und den Graben mit reichlich grobem Kies füllt. An der Kiesmenge darf man nicht sparen, denn so manches Steinchen wird noch in den

Ein Weg aus Steinen – nicht ganz billig, aber ein Gartenschmuck

Unterboden eingetreten, wodurch der Oberflächenpegel sinkt. Kieswege passen gut zu jeder Gartengestaltung; das Schieben der vollen Gartenkarre darauf bedingt aber schon etwas Kraft.

Kompostmiete Der Komposthaufen, das Kompostsilo, ist das Herzstück des natürlich bewirtschafteten Kleingartens und sollte schon im Gartenplan den geeigneten Standort erhalten, um nicht im nachhinein in irgendeiner, vielleicht für die Kompostierung nicht geeigneten Gartenecke plaziert zu werden. Als Faustregel veranschlagt man für die Größe der Kompostmiete etwa bis zu 10 Prozent der Gartenfläche. Das wären für eine 400-qm-Parzelle, rechnet man die Fläche für Laube, Wege, Teich u. a. pauschal mit etwa 50 bis 80 qm ab, immerhin noch rund 30 bis 35 qm Grundfläche für den Kompostteil. Eine solche Dimension ist aber in der Regel für einen Kleingarten nicht notwendig, weil dort auch Flächenteile mit Pflanzen bestückt werden, die selten oder nie einer Kompostdüngung bedürfen, wie Rasenflächen und Wiesenstücke. Insofern vermindert sich die für die Kompostierung notwendige Fläche erheblich; im Mittel wird man durch eine Kompostmiete mit etwa 5 Prozent der Nutzgartenfläche einen guten Kompromiß gefunden haben.

Die Anlegung einer funktionierenden Kompostmiete wird später im Abschnitt ›Boden und Düngung‹ beschrieben; für die Planung des Gartens ist vorab aber der empfehlenswerte Standort von Bedeutung. Ein Platz in praller Sonne, dem Wind ungeschützt ausgesetzt, ist für den Komposthaufen nicht geeignet; zu schnell würde die Substanz austrocknen oder der Wind unnötig Wärme entziehen. Ratsam ist ein halbschattiger, windgeschützter Platz, möglichst in der Nähe der Gemüsebeete, um das Auftragen des fertigen Komposts zu vereinfachen. Volle Beschattung, zum Beispiel auf der Nordseite der Laube, hemmt die erwünschte Verrottung der Kompostsubstanz. Halbschatten kann man der Miete etwa dadurch verschaffen, daß man an zwei Seiten des Kompostplatzes Sträucher setzt oder, jedes Jahr von neuem, Sonnenblumen, Stangen-, Feuerbohnen oder Mais pflanzt. Daß ein ausreichend breiter, befestigter Weg auch zum Komposthaufen führen sollte, wurde schon erwähnt; wichtig – aber auf der kleinen Parzelle ohnehin gegeben – ist die nicht zu große Entfernung zum Gartenhaus, damit das in der Laubenküche anfallende, zu kompostierende Material schnell und bequem zur Miete gebracht werden kann.

Beete und Bepflanzung Die Lage der Beete für die Nutzpflanzenkultur und die Blumenrabatten trägt der Kleingärtner nach den eigenen Wünschen ebenfalls in den Gartenplan ein. Bei der Beetgestaltung sollte man schon eine ungefähre Vorstellung von den Pflanzengruppen haben, die später gezogen werden sollen, um so einen groben Rahmen gleich in den Beetaufbau einzubringen. Dabei ist wichtig, daß die Pflanzflächen nach Möglichkeit in der Nord-Süd-Achse ausgerichtet werden, um für jedes Flächenstück eine größtmögliche Besonnung zu gewährleisten. Die Pflanzen werden dann nach ihrer Wuchshöhe gestaffelt auf den Beeten kultiviert; die kleineren nach Süden gesetzt, die größten an den Nordrand plaziert, damit für alle Gruppen viel Sonnenlicht zur Verfügung steht und nicht etwa am Südrand gezogene Stangenbohnen die dahinter, nördlich stehenden Tomaten völlig beschatten. Bei der Längsrichtung der Beete in Nord-Süd-Richtung sind optimale Lichtverhältnisse für alle Pflanzengruppen möglich.

Kräutergarten Wer über den Anbau von Gewürz- und Heilkräutern in Mischkultur mit anderen Nutzpflanzen hinaus einen kleinen Kräutergarten anlegen möchte, sollte bereits im Gartenplan den dafür geeigneten Standort festlegen. Die einzelnen Kräuterarten können, wie früher in manchen Klostergärten üblich, auf kleinsten Einzelbeeten mit einer Größe von nur 80 cm × 50 cm oder weniger ausgesät und gepflanzt und die gesamte Fläche – die Einzelbeete durch schmale Wege voneinander getrennt – zum ›Kräutergarten‹ zusammengefaßt und mit niedrigen Hecken umpflanzt werden. Sofern die Vorgaben dies erlauben, ist auch die Anlegung eines aus groben Feldsteinen errichteten oder aus Ziegelsteinen gemauerten Hochbeetes für die Kräuter sehr geeignet: Wenn durch ein Drainagerohr oder durch das schnelle Absickern des Regenwassers für eine Entwässerung gesorgt ist, können die Wärme, Sonne und Trockenheit liebenden Kräuter in den Trog gepflanzt werden, während die Feuchtigkeit und Schatten bevorzugenden Pflanzen außerhalb des Trogs, am Fuße der Mauer, an die Nord- und Ostseite gesetzt werden. Schon ein gemauerter Kräutergarten mit nur 1 – 2 qm Grundfläche reicht für die Versorgung der Familie mit frischen Kräutern vollkommen aus.

Ein Kräutergarten aus Ziegeln – Sonne und Schatten für die Pflanzen

Der Kräutergarten hat seinen besten Platz ganz in der Nähe der Laube und nicht in der fernsten Ecke des Kleingartens, damit man bei der Zubereitung des opulenten Mahls am Wochenende auch bereit ist, den fehlenden Zipfel Liebstöckel oder das Quentchen Estragon frisch aus dem Garten zu holen, und nicht zum Glas mit der getrockneten Kräutermischung greift.

Frühbeet und Gewächshaus Aufbau und Funktion von warmen und kalten Frühbeeten und Gewächshäusern werden im Abschnitt ›Kulturen unter Glas und Folie‹ erläutert. Die Gartensaison wird für den Kleingärtner erheblich verlängert, wenn er Kulturen unter Glas zieht und so bereits vom zeitigen Frühjahr bis zum späten Herbst den Pflanzen Wärme und Windschutz bieten kann. Bei der Anlage oder Neuordnung des Kleingartens sollten deshalb bereits Frühbeet oder Treibhaus geplant werden, auch wenn diese vielleicht erst später erstellt und eingerichtet werden.

Frühbeetkästen und Gewächshäuser dienen als Wärmespeicher und verschaffen so den Pflanzen geeignete Wachstumsbedingungen, wenn im Freiland noch nicht oder nicht mehr ein Anbau möglich ist; deshalb gehören sie an einen sonnigen, windgeschützten Standort. Im vollen Schatten, dem Wind ungeschützt ausgesetzt, verpufft ihre Wirkung. Andererseits kommt es im Treibhaus an einem sonnigen bis halbschattigen Platz an heißen Sommertagen leicht zu Temperaturspitzen von 40 bis 50° C und mehr, die durch Schattierung und Lüftung gesenkt werden müssen. Bei Frühbeeten mit einer Deckscheibe mit Gefälle sollte der niedrigere Teil nach Süden, der hintere, höhere nach Norden weisen, damit die größtmögliche Wärmeausnutzung der Frühlingssonne gewährleistet ist. Bei Gewächshäusern sollte der First ebenfalls in Nord-Süd-Richtung stehen, um den gleichen Effekt zu erzielen, der auch für die Anlage der Beete beschrieben wurde. Wer Frühbeet oder Treibhaus plant und sparen will, fährt nicht mehr achtlos am Miethaus in der Stadt vorbei, das gerade renoviert wird und neue Fenster bekommt.

Gartenteich Unbedingt empfehlenswert ist die Anlage eines Teiches, der nicht nur die packende und spannende Beobachtung heimischer Tiere ermöglicht und in dem herrliche Wasser- und Sumpfpflanzen wachsen, sondern der auch – richtig angelegt und besetzt – einen ökologischen Wert haben kann (siehe auch ›Die ökologische Bedeutung der Kleingärten für die Stadt‹). Die Anlegung eines Gartenteiches ist für jeden einzelnen Gärtner die Chance, ganz konkret etwas für die Erhaltung der Umwelt zu tun. Im Abschnitt ›Teichbau‹ wird ausgeführt, was bei der Teichanlage zu beachten ist.

Selbst kleinste Gruben, mit einer Wasserfläche von 5, 6 oder 7 qm, sind sinnvoll. Teiche sind heute aktuell; es entschließen sich immer mehr Gartenbesitzer zur Anlegung.

Im Gartenplan sollte die Teichfläche skizziert werden; über die reine Wasserfläche hinaus gehört zu einem funktionierenden ›Öko-Teich‹ aber eine Randbepflanzung mit mindestens etwa 100 cm Breite; auch diese Fläche muß berücksichtigt werden. Der Teich benötigt – besonders als Amphibiengewässer, als Lebensraum für die wechselwarmen Frosch- und Schwanzlurche – einen warmen, windgeschützten, sonnigen Platz; ein Standort im Vollschatten eines Baumes ist weniger geeignet. Schließlich sollte auch an eine Ruhebank in Teichnähe gedacht werden, von der aus sich gut beobachten läßt!

Bäume Bäume und Sträucher, die auf der Parzelle vorhanden sind und die nicht gerodet werden sollen, sind in der Gartenplanung natürlich zu berücksichtigen; ebenso sollten Neupflanzungen sorgfältig bedacht werden, weil die großen Pflanzen durch Schattenwurf die umliegende Gartenfläche beeinflussen und durch ihr weitreichendes Wurzelsystem sogar in Nährstoffkonkurrenz zu in der Nähe gezogenen kleineren Nutzpflanzen treten könnten. Als Faustregel gilt, daß die Wurzeln eines natürlich gewachsenen Baumes unterirdisch so weit reichen, wie sein Astsystem und seine Laubkrone ausgebreitet sind. Der Platz unter der Blätterkrone ist deshalb für die meisten Nutzpflanzen nicht geeignet.

Im Gartenplan sollten also Bäume und Sträucher so plaziert werden, daß sie Gemüsebeete und Blumenrabatten nicht vollständig beschatten.

Kinderspielfläche Wer Kinder hat, wird auch deren Wünsche berücksichtigen und vielleicht Platz für ein kleines mobiles Planschbecken, für Klettergerüst, Kinderhäuschen und Schaukel bereitstellen. In der Gartenplanung sollte dazu nicht eine ›Restfläche‹ verwendet werden, sondern ein zentraler, in das Gartengefüge eingebundener Platz, der den Kindern behagt und für die Eltern einsehbar ist.

Diese kurze Schilderung der wichtigsten Punkte wird jeder Kleingärtner nach seinen eigenen Ideen ergänzen. Wichtig ist, die Gartengestaltung sorgfältig und in Ruhe zu planen, um so eine Harmonie aller Gartenteile zu erreichen – einen Kleingarten, in dem man sich wohlfühlt.

Wer eine bereits gestaltete Parzelle von einem Vorpächter übernimmt, wird sich in der Regel um eine grundsätzliche Aufarbeitung des Bodens nicht kümmern müssen, sondern durch eine natürliche Wirtschaftsweise, wie sie im Abschnitt ›Boden und Düngung‹ erläutert wird, die Fruchtbarkeit des Parzellenbodens langfristig erhalten. Anders sieht es aber bei der Neuanlage eines Kleingartens aus: Hier muß der Pächter oft den Boden erst urbar machen.

Die übernommene Parzelle kann zum Beispiel auf einem Wiesengelände liegen, auf dem Gräser und Kräuter wachsen und sich junge Bäumchen angesiedelt haben. Ist auch in einem biologisch gepflegten Garten, in dem kompostiert und gemulcht wird, später ein Umgraben und Umschichten des Bodens für die Erhaltung der Fruchtbarkeit nicht erforderlich und sogar einem gesunden Bodenprofil abträglich, so wird man meistens bei der Neuanlage auf unbehandeltem Boden nicht um die Schwerarbeit des Umgrabens oder Rigolens umhinkommen. Auch in dieser Beziehung ist ein genau erstellter Gartenplan viel wert, zeigt er doch, welche Flächenteile des Gartens später fruchtbaren Boden aufweisen sollten und für welche dies nicht erforderlich ist – denn es wäre unsinnig, Flächen zu bearbeiten und aufzuwerten, auf denen dann etwa Weg oder Teich angelegt werden.

Für unsere Belange – die Pflege von Kulturpflanzen – ist der ideale Boden locker und nährstoffreich, belebt und humos. Jeder hat so seine Vorstellung davon, was ›Humus‹ ist – wir geben eine Beschreibung wieder, die ebenso weitgefaßt wie konkret definiert: »Humus ist diejenige organische Substanz, die an irgendwelchen (biologischen) Um-, Ab- oder Aufbauprozessen beteiligt ist« (Scheffler). Einen lockeren und humosen Boden hilft man erhalten, wenn man die im Boden lebenden Organismen – vom Bakterium bis zum Regenwurm; in ihrer Summe auch als ›Edaphon‹ bezeichnet – fördert, indem man regelmäßig für die Aufbringung organischer Stoffe (etwa Kompost, Mulchen) und die Erhaltung der verschiedenen natürlichen Bodenschichten sorgt. Das Edaphon erledigt den Rest: Es lockert durch seine Tätigkeit den Boden und baut im Stoffkreislauf das organische Material zu anorganischen Substanzen um, die als Nährstoffe unseren Pflanzen zugute kommen.

Diese Nachahmung der Verhältnisse in der freien Natur – ein humoser Mischwaldboden ist ein gutes Beispiel dafür – erreichen wir durch Kompostierung und Mulchen im biologisch gepflegten Kleingarten schnell. Bei der Neuanlage eines Gartens aber muß zunächst der Brache oder der verdichteten Wiesenfläche zu einer neuen Bodenschichtung und Lockerung verholfen werden. Wie geht man nun vor, wie gräbt man um?

Grassoden Die Grassoden werden dünn mit dem Spaten abgehoben und mit Kalk, Steinmehl und organischem Stickstoffdünger zu einem Komposthaufen aufgeschichtet. Nach wenigen Wochen ist daraus beste, reife und nährstoffreiche Erde geworden, die auf den Boden aufgebracht wird.

Stechtiefe Man gräbt nur so tief um, wie die obere, dunkle Bodenschicht reicht. Den tiefliegenden, ›toten‹, unbelebten, nicht humosen Boden nach oben umzuschichten, hemmt die Entfaltung des Edaphons.

Umgrabtermin Wird im Herbst umgegraben, sollte man die Erdschollen liegenlassen und erst im folgenden Frühjahr ebnen und glätten. Gräbt man den Kleingarten im Frühjahr um und will schon die kommende Saison nutzen, arbeitet man gleich reife Komposterde oder zersetzten Stallmist als organischen Dünger in den Boden mit ein und ebnet die Erde. Nun ist der Boden fruchtbar gemacht und zum Säen und Pflanzen bereit.

Möglich ist natürlich auch, abgehobene Grassoden nicht auf einer Kompostmiete zu schichten, sondern sie, umgedreht, mit unterzugraben. Allerdings dauert dann die Zersetzung und der Aufschluß der verwendbaren Nährstoffe länger als bei der Kompostierung; außerdem muß die Grasnarbe ziemlich tief eingegraben werden, damit die Gräser und Kräuter nicht wieder zur Oberfläche durchwachsen.

Beim Umgraben arbeitet man ›rückwärts‹, um den umgeschichteten Boden nicht gleich wieder dadurch zu verdichten, daß man auf die Schollen tritt: Man steckt auf der umzugrabenden Fläche ein Längsstück von Spatenbreite ab, hebt die Erde aus und wirft sie neben den Graben, vom Gärtner weg. Nun tritt man zurück, hebt einen zweiten Graben von Spatenbreite aus und wirft die Erde in den vorher ausgehobenen ersten Kanal. So kämpft man sich tapfer rückwärts bis zum letzten Graben durch, den man mit der Erde aus dem zuerst gegrabenen Kanal füllt. Man sollte das von jeweiliger Feuchtigkeit und Bodenart abhängige Gewicht der Erde nicht unterschätzen und lieber mehrere, dafür schmalere Gräben ziehen, als jeweils zuviel Erde auf den Spaten zu heben.

Zur Aufarbeitung einer erstmals zu bewirtschaftenden Parzelle gehört gegebenenfalls leider auch die Entfernung größerer Steine; eine Arbeit, die in manchen Fällen nie ein Ende zu nehmen scheint. Um vieles aufwendiger jedoch – wenngleich auch selten, weil ein solches Land meistens für eine Kleingartenkolonie als nicht geeignet angesehen wird – ist die Urbarmachung eines äußerst nassen Bodens, der unbehandelt kaum Kulturpflanzen gedeihen läßt. Ein

Den Boden umgraben – keine leichte Arbeit

solcher ›Feuchtgarten‹ kann etwa durch einen extrem hohen Grundwasserspiegel oder durch eine Bodenoberschicht aus schwerster Ton- oder Lehmerde entstehen, die das Regenwasser nicht schnell genug oder überhaupt nicht passieren und absickern läßt.

Bei solchen ungünstigen Bedingungen sollte man abwägen, ob sich die Anlegung eines Kleingartens auf diesem Untergrund wirklich lohnt. Der eventuelle Bau von Sickerschächten, die Entwässerung der Parzelle durch Drainagerohre und den Garten umlaufende Gräben bringt eine Menge Arbeit mit sich, ohne daß man auch nur einen Kopfsalat schon hätte ernten können. Aber man wird, wie erwähnt, in der Regel kaum ein solches ›Feuchtgebiet‹ pachten; der Grundeigentümer wird solchen Aufwand den neuen Kleingärtnern kaum zumuten wollen.

Damit sind in aller Kürze die wichtigsten Probleme umrissen, die sich bei der Verwandlung eines unbehandelten Landstücks in einen blühenden und fruchtenden Kleingarten und bei der Umgestaltung einer schon angelegten Parzelle stellen können. Untersuchen wir nun, mit welchen Geräten der Garten bearbeitet werden kann.

Gartengeräte

Der erfahrene Gärtner kennt natürlich die nun vorgestellten Gartengeräte und weiß sie zu handhaben; die folgende Auflistung wendet sich daher an jenen Kleingärtner, der zum ersten Mal ein Stückchen Land bearbeiten will und noch nie mit Spaten und Rechen, mit Grabegabel und Pflanzer umgegangen ist. Ob die Anschaffung aller möglichen Geräte für ihn erforderlich ist, mag jeder Kleingärtner für sich entscheiden. Unumgänglich ist anfangs die Zusammenstellung der oben erwähnten Grundausrüstung. Um Kosten zu sparen, sollte man den Erwerb von Gartenbedarfsartikeln gründlich abwägen und nicht der Euphorie verfallen, mit der ›Neuentwicklungen‹ in den Hochglanzkatalogen der Hersteller angepriesen werden: Sich auf manchmal schwerste Arbeit im Garten einzulassen, nehmen dem Kleingärtner auch beste und teuerste Geräte nicht ab.

Spaten aus möglichst rostfreiem Stahl, mit scharfem Blatt. Stange oft aus Eschenholz, mit Handgriff als T-Stück oder Griffkreis. Zum Umgraben.

Grabegabel Gabel aus rostfreiem Stahl mit meistens vier Zinken. Holz ebenfalls mit T-Stück oder Griffkreis. Zum Wenden und Zerkleinern der Gartenerde, zum Umgraben besonders schwerer Böden, zum vorsichtigen Unterfassen beim Verpflanzen.

Rechen mit 15 bis 30 Zinken in Arbeitsbreiten von etwa 10 bis 60 cm. Empfohlene Stiellänge ca. 150 cm. Zum Krümeln der Beeterde, zum Säubern von Beeten und Wegen, zum Einharken von Düngesubstanz sowie auch zum Glätten der Pflanzerde.

Fächerbesen mit vielen, zum Stiel fächerförmig zusammenlaufenden Federzinken. Zum Säubern größerer Flächen und speziell zum Zusammenharken von Laubabfällen.

Kultivatoren mit Scharen in einer Spur, in 2, 3 oder 5 Spuren. Zinken aus härtestem, rostfreien Material. Arbeitsbreiten von etwa 3 bis 40 cm. Arbeitsstiellänge ca. 150–180 cm. Zum Lockern und Lüften verkrusteter und verdichteter Böden, insbesondere bei der ersten Bearbeitung neu in Kultur zu nehmender Böden. Auch als Kombi-Gerät, bei dem je nach Bedarf Scharen eingeklinkt werden können und man in einer oder mehreren Spuren arbeiten kann.

Unkrautjäter mit scharfem Edelstahlmesser in Arbeitsbreiten von etwa 10 bis 20 cm. Messerfläche manchmal austauschbar. Stiellänge mit etwa 150 cm zu empfehlen. Zum Jäten unerwünschter Pflanzen auf Erdwegen und zwischen den Kulturpflanzen der Beete.

Bodenkrümler mit Aufreißzinken und mehreren umlaufenden Stachelwalzen, die beim Zug des Gerätes den durch die Zinken geöffneten Boden fein zerteilen sollen. Zur Lüftung des Bodens und Feinkrümelung von Flächen für die Aussaat. Längerer Arbeitsstiel mit 160–180 cm.

Schaufel mit rostfreiem Schaufelblatt und härtestem Stiel von 150 bis 160 cm Länge. Für ›Umsetzarbeiten‹: Erde, Sand, Kompostsubstanz verladen, etwa Sand für den Wegebau per Schubkarre zum Bauplatz bringen.

Gartenkelle Miniaturschaufel zum Setzen und Auslichten kleiner, junger Pflanzen. Arbeitsbreite 5–10 cm.

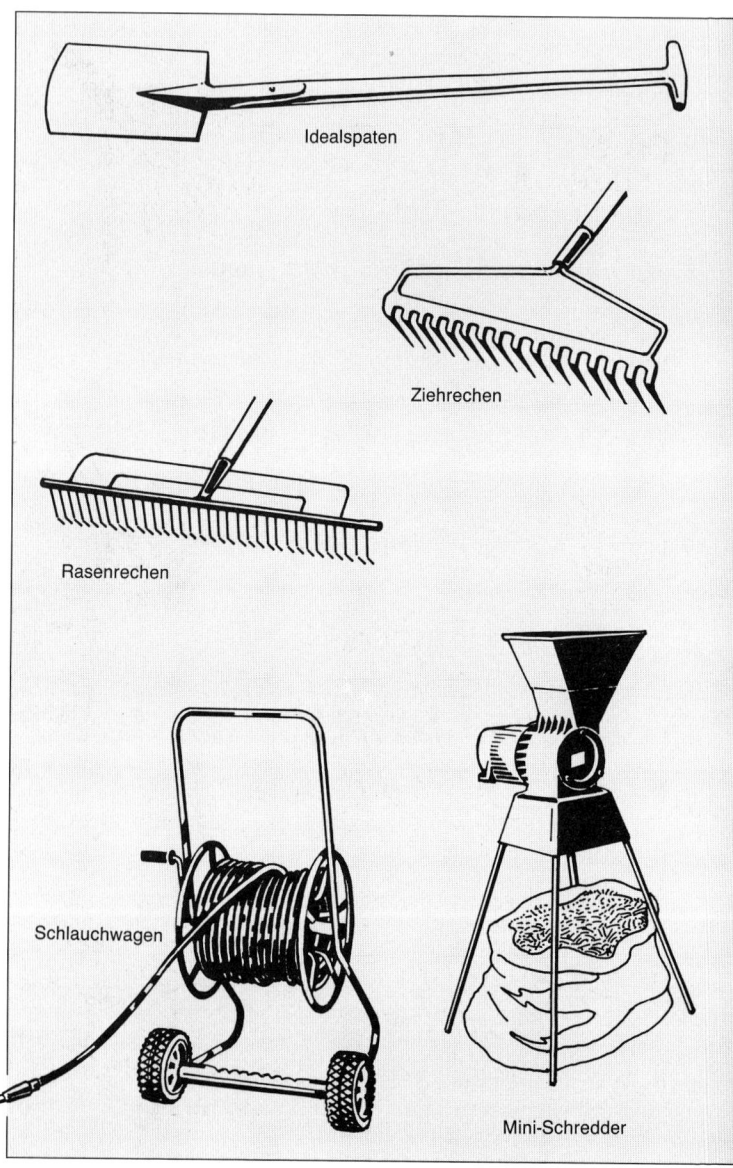

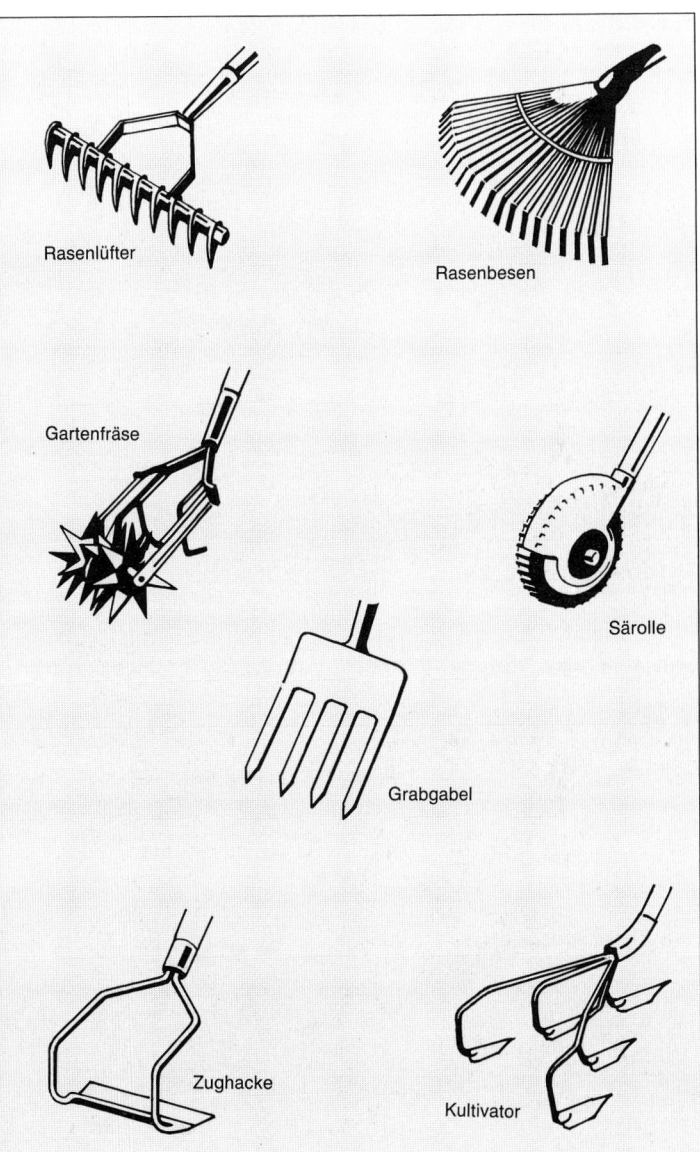

Aussaatgeräte Mit einem Rillenzieher mit 5 – 7 Scharen in Arbeitsbreiten bis etwa 70 cm können Saatrillen im geraden, einstellbaren Abstand voneinander gezogen werden. Mit einem Saatgerät werden bei Reihensaat die Samen aus einem Laufrad im gleichmäßigen Abstand ausgebracht. Durch Wechsel der Samenmagazine soll die Einbringung von feinstem bis zu grobem Saatgut möglich sein. Kurzer Stiel mit weniger als 140 cm Länge.

Rasenharke Rechen mit großer Arbeitsbreite zum Abharken von Rasenflächen. Grasschnitt durch Vorwärtsbewegung des Gerätes vom Rechenkopf zu lösen. Langer Stiel, mindestens 170 cm.

Vertikutierer Entfernt das Moos von Rasenflächen. In Arbeitsbreiten bis etwa 40 cm wird das Gerät über den Rasen gezogen; nebeneinander angeordnete, feste Messer ziehen die Konkurrenzpflanzen aus dem Rasengras. Als feststehender Vertikutierkamm oder auf Rollen.

Gartensieb Rechteckiges oder rundes Sieb mit einer Maschenweite von mindestens 1 cm zum Aussieben von Steinen aus Gartenerde. Als kleines Handsieb mit etwa 30 cm Durchmesser oder als Gitter mit Aufstellrahmen, auf das man Sand oder Erde aufschaufelt und durchdrückt.

Erdkratzer sind am einfachsten selbst zu basteln: ein keilförmiges Holzstück, mit dessen Spitze man von Spaten oder Schaufel, von Rechen oder Jäter nach dem Gebrauch Erde und Pflanzenreste abstreift. Der Erdkratzer hilft dadurch, den Geräteraum sauber zu halten.

Schubkarre Mit das wichtigste Gartengerät. Als einrädrige, luftbereifte Karre mit 80-l-Wanne oder zweirädriger Wagen mit Vollgummireifen. Aus Rostschutzgründen Wannen oft aus unlackiertem, verzinktem Stahlblech. Wichtig: Für ein bequemes Ausschaufeln soll eine Wannenwand möglichst schräg und nicht zu steil geformt sein.

Forke Gabel aus rostfreiem Stahl mit 4 – 5 spitzen Zinken und 150 cm langem Stiel aus Eschenholz. Zur Lüftung und Lockerung des Bodens, zum Arbeiten mit Kompost und Stallmist.

Gartenscheren für schwächeres Gartenschnittgut mit Stärken bis etwa 20 mm: Reben, Zweige, Pflanzenstengel. Die Gartenschere sollte leicht und handlich sein, einen kraftsparenden Schneidemechanismus aufweisen und durch einen Sicherheitshebel verschließbar sein. Rostfreie Scherenblätter, Griff mit Gummiüberzug gegen Verrutschen gesichert.

Astscheren Für den Astschnitt bis etwa 50 mm Stärke. Zur besseren Kraftübertragung mit mindestens 50 cm langen Hebelarmen. Für den Schnitt in hohen Baumkronen gibt es besondere Astscheren, die mittels einer Verlängerungsstange hochgeführt und über einen Seilzug betätigt werden.

Heckenscheren Scheren mit langen Messern und mittellangen Handhebeln für den Heckenschnitt.

Kantenscheren für den sauberen Rasenkantenschnitt. Ebene der Scherenblätter und des Handgriffs um 90 Grad versetzt.

Erntegreifkörbe für die Ernte an hochwüchsigen Obstbäumen. Erntekorb mit Früchtereißring an Teleskop- oder Steckstangen.

Baumsägen für die Pflegearbeit an Bäumen. Als Handsäge mit Holzgriff oder Bügelsäge mit Spannvorrichtung für die auswechselbaren Sägeblätter. Bei Bügelsägen Mindestlänge etwa 500 mm.

Häcksler sind motorgetrieben und zerkleinern organische Abfälle wie Zweige und nicht zu starke Aststücke, zerfleddern sie in kompostgerechte Stücke, so daß sie auf der Kom-

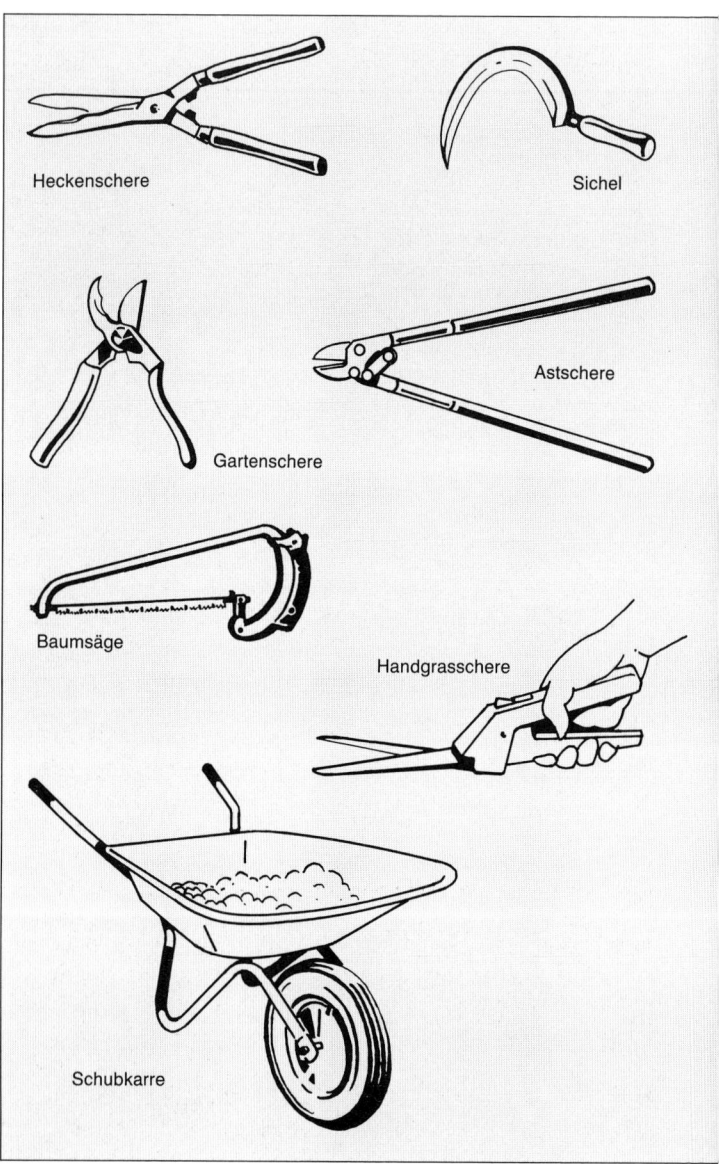

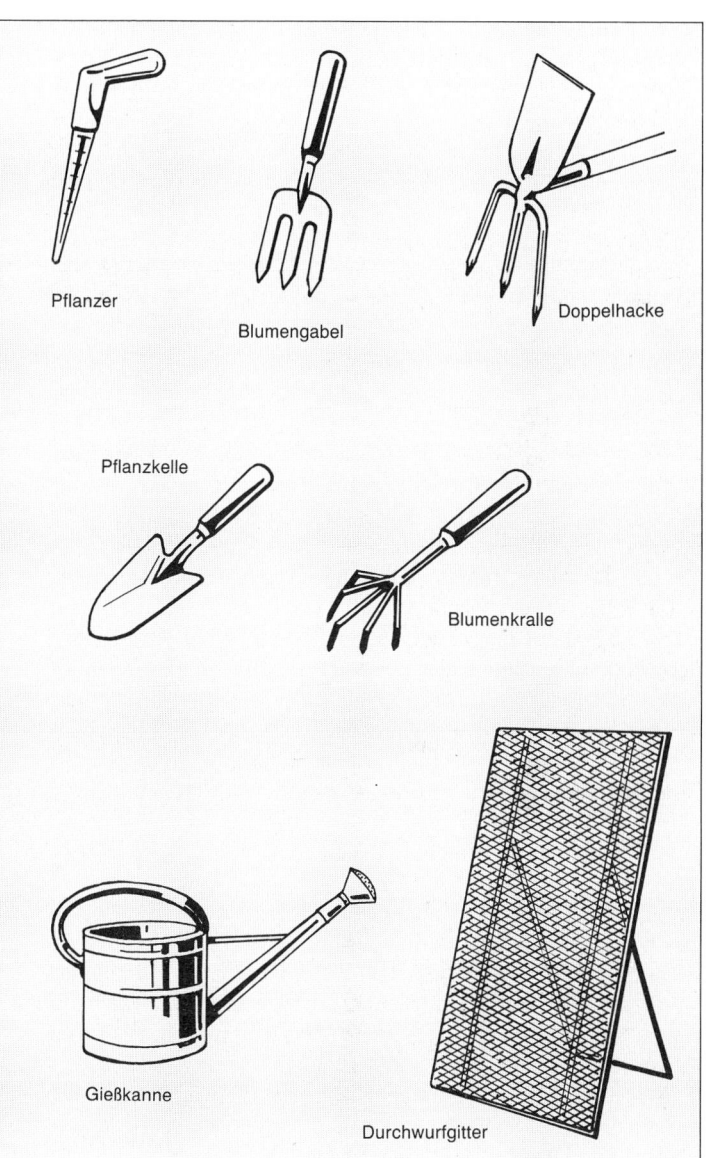

postmiete schnell verrotten, und guter Dünger rasch zur Verfügung steht. Insofern ist ein Häcksler für den biologisch bewirtschafteten Kleingarten eine gute, wenn auch nicht ganz billige Erwerbung. Hier bietet es sich an, mit den nächsten Grundstücksnachbarn oder gar der ganzen Kolonie eine leistungsstarke Maschine gemeinsam zu kaufen und zu nutzen. Empfehlenswert sind größere Häcksler mit Leistungen ab 1,5 kW, die Astwerk mit 50 mm Durchmesser und mehr verarbeiten können. Wer schon 1000 bis 2000 DM für ein solches Gerät ausgibt, sollte auch dazu passende Unterstellkörbe erwerben.

Kleine motorgetriebene Häcksler mit einem Anschaffungspreis von wenigen hundert Mark sind meist nur für die kompostgerechte Zerlegung weicher und nicht zu starker Gartenabfälle geeignet; oft versagen sie schon bei den verhältnismäßig dünnen Zweigen vom letzten Obstbaumschnitt ihren Dienst. Eine preisgünstige Alternative zu den größeren und leistungsfähigen, aber auch teuren Motorhäckslern ist ein von Hand getriebener Häcksler, wie ihn das Ingenieurbüro Pfau in der Schweiz entwickelt hat und vertreibt (Ing. Thomas Pfau, Juchstraße 27, CH-8116 Würenlos/Schweiz). Ein solches Gerät macht den Gärtner im biologischen Kleingarten unabhängig von Fremdenergiequellen, kann also ohne Kabelverlängerungen zur nächsten Steckdose überall eingesetzt werden. Es ist auch zu beziehen beim Bio-Gartenmarkt Keller, Konradstraße 17, 7800 Freiburg.

Wässerungseinrichtungen Auf einen Wasserschlauch kann man im Garten kaum, auf eine Gießkanne überhaupt nicht verzichten. Dabei sind Kannen mit einem Fassungsvermögen bis zu 15 Litern den noch größeren vorzuziehen, denn sie sind weitaus handlicher, und der Wasserstrahl einer bis zum Eichstrich gefüllten Kanne ist besser und kräftesparender zu dosieren. Wer sich zutraut, 30 kg zu tragen, mag sich gleich zwei solcher Gießgefäße zulegen; er kann sich auf dem Transportweg beidseitig gleichmäßig mit der Last beschweren und spart so, wenn Wasserquelle und Beet weit auseinanderliegen, reichlich Wegstrecke.

Der Gartenschlauch, üblicherweise mit einem Durchmesser von ½ Zoll (= 1,27 cm), sollte widerstandsfähig gegen Wärme sein, damit er nicht bei Sonnenbestrahlung plötzlich Formveränderungen zeigt; ebenso darf er bei Kälte seine Biegsamkeit nicht verlieren. Eine Signalfärbung ist empfehlenswert: ein grüner Schlauch auf grünem Rasen könnte sonst beim Rasenmähen versehentlich beschädigt werden. Den Schlauchtransport zum Einsatzort erleichtert ein Schlauchwagen mit stabilen Rädern; er sollte für den Wasserdurchlauf eingerichtet sein, so daß man die Zuleitung zum Wasserhahn an der Wagentrommel anschließen und den betriebsbereiten Schlauch nur von der Trommel zu ziehen braucht. Für die Lagerung des Wasserschlauches im Geräteraum oder an der Außenwand der Laube genügt eine große, alte Dose, die man dort befestigt und um die man den Schlauch wickelt.

Ein sinnvolles Zubehör zur Bewässerung kann ein Gartensprenger sein. Der Beregner sollte einstellbar sein und automatisch die Wasserstrahlen schwenken, damit so eine recht große Gartenfläche bewässert wird. Heute gibt es sogar kleine ›Gartencomputer‹, die man an die Wasserquelle anschließen und dem Sprenger vorschalten kann: Dabei wird in der zentralen Schaltuhr die Zeit programmiert, in der der Garten bewässert werden soll; ist aber genug Feuchtigkeit vorhanden, weil es regnet oder vor kurzem geregnet hat, schalten Sensoren den automatischen Gießvorgang ab. Ein geeignetes Gerät, wenn der Kleingarten längere Zeit verwaist ist.

Rasenmäher Hier wird oft der Bereich des Vernünftigen verlassen und, ungeachtet der Gartengröße, ein Luxusmäher gekauft, der zur Parzelle paßt wie ein moderner Großcomputer zum 1×1 des Schulanfängers: Er kann viel mehr, als man braucht, und kostet unsinnig viel. Im biologischen Schrebergarten ist der leiseste, aber auch kleinste Rasenmäher der richtige. Einerseits wird das Schwergewicht im Kleingarten nach den meisten Gartenordnungen ohnehin wieder auf den Nutzgartenteil gelegt, auf der anderen Seite ist eine Naturwiese — wie noch zu erläutern sein wird — der bessere Ersatz für den englischen Rasen.

Motorgetriebene Rasenmäher gibt es mit leisem Elektromotor und lauteren 4-Takt- (Benzinbetankung) und 2-Takt-Motoren (Gemischbetankung aus Benzin und Öl). Heute sind bereits Mäher mit Verbrennungsmotoren erhältlich, die mit bleifreiem Benzin arbeiten. Die Schnittbreite der einzelnen Motormäher reicht von etwa 30 bis zu fast 50 cm; die Schnitthöhe ist meist zwischen 2 bis 3 und 7 cm und mehr einstellbar. Ein sinnvolles Zubehör ist ein Fangkorb mit einem Fassungsvermögen zwischen rund 20 und 70 Litern, der den Grasschnitt aufnimmt und das Abharken der Rasenfläche erspart. Die Preise für motorgetriebene Mäher liegen im Schnitt zwischen 200 und 2500 DM. Nach wie vor preisgünstiger sind Handmäher ohne Motor, bei denen die Messerwalze von den Rädern angetrieben wird. Sie reichen für die Rasenpflege im Kleingarten allemal aus und stehen hinsichtlich eines sauberen Grasschnitts bei guter Messerpflege den Motormähern in nichts nach.

Jeglichen Rasenmäher, vor allem bei der Pflege eines Wiesenstücks, ersparen Sense oder Handsichel. Froh darf sein, wem ein erfahrener Gärtner die nicht ganz einfache Handhabung der Sense zeigt!

Diese Beschreibung der wichtigsten Basisgeräte erhebt keinen Anspruch auf Vollständigkeit, ist doch der Gerätemarkt ständig in Bewegung und werden von ihrer Funktion her längst bekannte Geräte ständig abgeändert und verbessert oder im ›Kombisystem‹ angeboten: Ein einziges Gerät soll dann die Aufgabe traditioneller Rechen, Hacken, Jäter kombiniert übernehmen. Allgemeingültige Ratschläge für den Umgang mit Gartengeräten kann man kaum geben; jeder Kleingärtner wird schnell seinen eigenen Arbeitsstil finden.

Denn wer würde einem wohl raten — wie aber schon oft gesehen —, mit dem Rasenmäher über das Herbstlaub auf dem Gras hinwegzujagen, um die Blätter im Fangkorb zu sammeln?

Boden und Düngung

Die Pflege des Bodens, seine Düngung mit natürlichen, organischen Substanzen und der Verzicht auf chemisch-synthetische Pflanzenschutzgifte sind Merkmale des biologisch bearbeiteten Gartens. Während die Struktur eines vernachlässigten, durch ständige Kunstdüngergaben mit Nährstoffen angereicherten Bodens sich dadurch verschlechtert, daß das Bodenleben verarmt und der Boden sich verdichtet, wird der natürlich bewirtschaftete sich mit den Jahren immer mehr verbessern. Mit der biologischen Bewirtschaftung wird genau das getan, was die Natur uns vormacht: Die Dauerfruchtbarkeit des Bodens wird aufrechterhalten, indem durch das regelmäßige Aufbringen von organischen Materialien das Leben im Boden, die Existenz des Edaphon, gefördert wird.

Die Zeichnung des Bodenprofils (Seite 70), wie wir es zum Beispiel in einem unveränderten, dem natürlichen Geschehen überlassenen Laubwaldboden antreffen können, zeigt, daß der Boden einzelne, völlig verschiedene Schichten aufweist.

Die obere Bodendecke mit Laub und Zweigen, mit abgestorbenen Pflanzenteilen und tierischen Resten bildet die Rohhumus-Auflage. Darunter folgen die Moderschicht, in der die erste Zersetzung des Materials erfolgt, etwa der Abbau der pflanzlichen Zellulose, und der humose Oberboden mit einer etwa 10–30 cm starken, dunklen, duftenden Humusschicht, dem ›Mutterboden‹. Bis in diese Schicht reicht das Wurzelsystem vieler Pflanzen, die von dort Nährstoffe beziehen. Dem humosen Oberboden schließt sich der Unterboden mit abnehmendem Humusanteil an, dem schließlich der Untergrund aus Muttergestein, aus Sand oder Kies, folgt.

Bei der Bewirtschaftung des Kleingartens wird man also die Dauerfruchtbarkeit des Bodens dadurch fördern, daß man Humusschicht und humosen Oberboden schafft und erhält – daß man kompostiert. Die belebte Humusschicht ist für die Pflanzen aus folgenden Gründen wichtig:

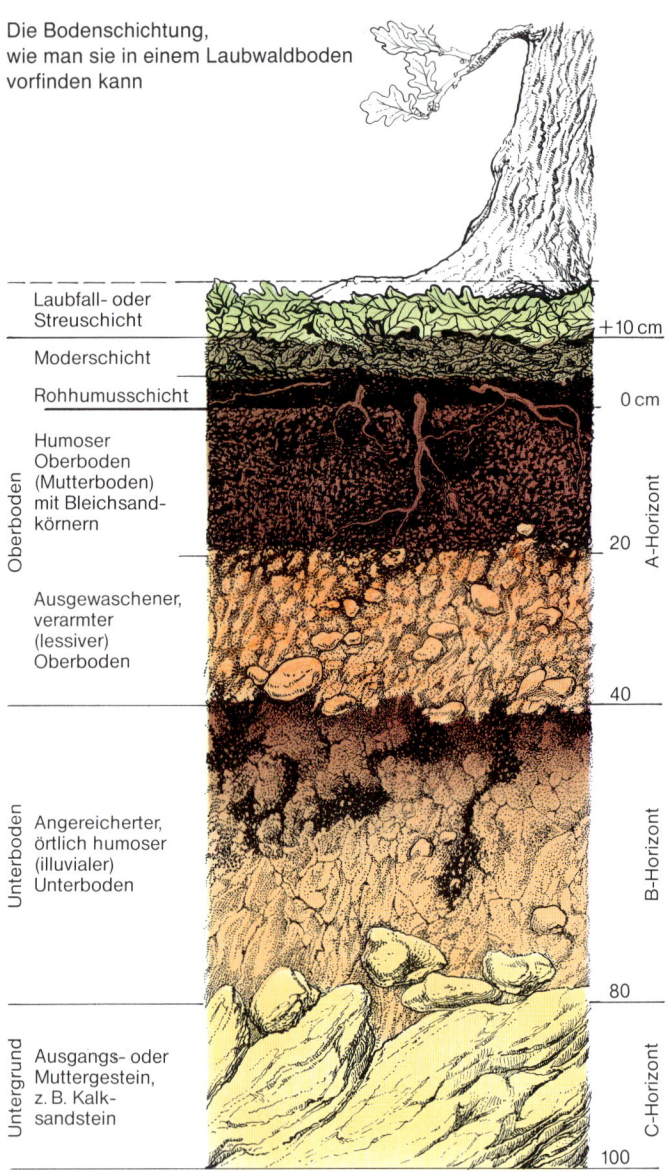

Luftzirkulation Die im lockeren Humusgeflecht zirkulierende Luft ermöglicht die Atmung der Mikroorganismen. Das von ihnen abgeschiedene Kohlendioxid wird von den Kulturpflanzen für den Aufbau ihrer körpereigenen Substanzen verwertet.

Wasserspeicherung Die Humusschicht nimmt Wasser auf und speichert es in ihren Poren.

Nährstoffe Die Bodenlebewesen schaffen durch ihre Stoffwechseltätigkeit Nährstoffe, die von den Pflanzen aufgenommen werden können und durch Wassersickerung kaum weggeschwemmt werden.

Bodenausgleich Die Humusschicht bildet Bodensubstanz und gleicht die Nährstoffentnahmen aus, die sich durch das Wachstum der Pflanzen ergeben.

Das Bodenprofil ist in jeder Parzelle leicht zu untersuchen, indem ein gut 100 cm tiefes Loch gegraben wird, das die Schichtung im Garten zeigt. Das Profil kann je nach Art des Ausgangsgesteins durch verschiedene Bodenarten gekennzeichnet sein. In Landwirtschaft und Gartenbau unterscheidet man hinsichtlich der Körnung hauptsächlich die folgenden Bodenarten:

Sand	Einzelne Körner gut sicht- und fühlbar.	Klebt nicht in der Hand, nicht bindig. Nicht formbar.
Lehm	Viel bis sehr viel Feinsubstanz, kaum Einzelkörner oder nur sehr wenige fühl- und sichtbar	Läßt sich feucht rollen, bildet aber Risse, kann nicht mit Fingernagel geglättet werden.
Ton	Keine Körner fühlbar.	Zähe, klebrige und stark bindige Masse; gut roll- und formbar. Auch leicht glänzend.

Daneben werden noch viele Zwischenformen klassifiziert, z. B. ›sandiger Lehm, ›toniger Lehm‹, ›lehmiger Sand‹, ›toniger Sand‹ und andere.

Sandböden werden auch als ›leicht‹ bezeichnet; sie halten kaum das Wasser und trocknen sehr schnell aus. Andererseits erwärmen sich Sandböden recht schnell und machen dadurch eine zeitige Bepflanzung im Frühjahr möglich; auch lassen sie sich relativ leicht und mühelos bearbeiten, halten aber wenig Nährstoffe bereit und sind deshalb ›mager‹.

›Schwere‹ Tonböden dagegen halten viel Wasser und neigen zur Staunässe; der Gärtner hat es bei der Bodenbearbeitung nicht ganz leicht, wenn er mit der klebrigen Masse arbeiten muß. Ton wird im Frühling nur langsam warm; der nasse, luftarme Boden beeinträchtigt das Bodenleben, und trockener Ton wird leicht rissig und hart. Die für den Kleingärtner ideale Parzelle weist einen mittelschweren Lehmboden auf, der sich gut bearbeiten läßt und die Vorteile von Sand und Ton verbindet. Schwerer Gartenboden wird durch Sandbeimischungen leichter und lockerer, Sandboden durch Lehm- oder Tonbeigaben vor Wassermangel und Windabtragungen geschützt. Dies geht am besten, wenn man bei der Kompostierung der Miete je nach Bedarf Sand, Lehm oder Ton zufügt; mit der Humusbildung wird dann der Sand im leichten Gartenboden gebunden und schwerer Lehm oder Ton aufgelockert.

Daß Pflanzen Nährstoffe zu ihrem Gedeihen benötigen, ist eine Binsenweisheit. Neben den chemischen Elementen Kohlenstoff, Sauerstoff und Wasserstoff, die als Kohlendioxid und Sauerstoffgas aus der Luft und als Wasser aufgenommen werden, braucht die höhere Pflanze Stickstoff (N), Phosphor (P) und Kalium (K) sowie Schwefel (S), Kalzium (Ca) und Magnesium (Mg) als Makronährstoffe, d. h. in relativ großen Mengen. Eisen (Fe) wird schon in weit geringerer Menge benötigt und leitet über zu den sogenannten ›Spurenelementen‹, also solchen, die die Pflanze nur in äußerst geringer Menge erhalten muß: Mangan (Mn), Bor

(B), Zink (Zn), Kupfer (Cu), Molybdän (Mo) und Chlor (Cl); dazu sind allgemein wenige höhere Pflanzen auf Natrium (Na), Selen (Se), Cobalt (Co) und Silur (Si) angewiesen. Daß diese Nährelemente dem Wurzelsystem nicht unbedingt über einen festen Boden zugeführt werden müßten, beweist die ›Hydrokultur‹, bei der die Nährsalze in wäßriger Lösung für die Pflanze bereitgehalten werden. Auf die Erläuterung, warum welcher Nährstoff für die Pflanze von Bedeutung ist, soll hier verzichtet werden; für den Kleingärtner ist es wichtiger, zu erkennen, daß seinen Kulturpflanzen vielleicht nicht ausreichend Nährstoffe zukommen:

Mangel an	Erscheinungsbild
N	Bildung einer überaus langen Wurzel – Gelb-rötliche Verfärbung des Pflanzensprosses – Verfrühte geschlechtliche Phase (Blütenbildung)
P	Starrtracht – Blattverfärbungen ins Rötliche, Schwarze, Braune
K	Pflanze welkt – Schäden an den Rändern der Blätter – Abnormes Längenwachstum
S	Vergilbung und Aufhellung der Blattspreiten und der Blattadern
Ca	Schlechtes Wurzelwachstum bei gleichzeitiger Bodenansäuerung – Blattvergilbung
Mg	Krankhafte Veränderungen an Blatträndern und Blattspreiten

Diese Hauptnährstoffe müssen ständig aufs neue unseren Pflanzen zugeführt werden, weil sie durch das Pflanzenwachstum auch immer wieder verbraucht werden. Eine Unterversorgung mit den genannten Spurenelementen ist in der Regel nicht zu befürchten, sind sie doch in nur sehr geringen Mengen erforderlich und bei organischer Bodendüngung ohnehin ausreichend ausgebracht worden.

Aber auch eine Armut an Hauptnährstoffen ist in den Gärten seltener, als man meinen würde – viele herkömmlich bewirtschaftete Böden sind sogar überdüngt; ihnen hat man weitaus mehr Dünger zugeführt, als die Pflanzen für ihre Existenz benötigen. Aber sind Bodengaben nach dem Motto ›Viel hilft viel‹ für das Pflanzenwachstum überhaupt schädlich?

Das Problem stellt sich vorrangig bei der mineralischen Düngung, bei der Arbeit mit Kunstdüngern. Während im biologisch geführten Kleingarten, in dem mit Kompostsubstanz als den zersetzten, verrotteten organischen Materialien gedüngt wird, die Nährstoffe weitgehend im Humus festgelegt sind und der Pflanze nicht schaden, weil sie sich lediglich Teile davon erschließt, ist die Aufbringung von zuviel Kunstdünger für die Pflanzen schädlich – die leicht löslichen Mineraldünger können zu Salzkonzentrationen im Boden führen, die jene des pflanzeneigenen Zellsaftes übersteigen und dadurch Stoffwechselstörungen verursachen.

Übermäßige Düngung mit Kunstdüngern beeinflußt auch die Umwelt: Ein erheblicher Teil der freien, leicht löslichen Düngesubstanz wird aus dem Boden ausgewaschen und gelangt in das Grundwasser, in Bäche, Flüsse und Seen. Durch die Überdüngung kommt es dort zur ›Eutrophierung‹, zu einem unnatürlichen Überangebot von Nährstoffen, von Nitraten (aus den Stickstoffanteilen des Düngers) und Phosphaten (aus den Phosphorverbindungen), die auch durch Waschmittelreste und Exkremente dorthin gelangen. Die Algen im Wasser vermehren sich dann abnorm; wenn sie schließlich absterben, wird der im Wasser gelöste Sauerstoff verbraucht. Das Leben in einem solchen Gewässer erstirbt, tote Fische sind massenweise abzusammeln. In einer Abhandlung des Magazins ›bild der wissenschaft‹ vom Juni 1984 zur Fragestellung ›Was machte die Seen krank?‹ werden die verschiedenen Gründe für die Gefährdung der Gewässer untersucht. Zur Bewertung des landwirtschaftlichen Düngens heißt es da: »Selbst wenn man unterstellt, daß von der Bodenkrume nur 1 Prozent des mit dem Kunstdünger ausgebrachten Phosphats nicht zurückgehalten wird, so kann dies für einen nährstoffarmen See, der dieses eine Prozent zu schlucken bekommt, bereits viel zuviel sein.«

Welche Probleme überdüngte Seen bereiten, zeigen der Tegeler See in Berlin oder die Wahnbach-Talsperre bei Bonn, denen erst durch großtechnische Anlagen unter immensem finanziellem Aufwand Entlastung verschafft werden konnte.

Schließlich sind überdüngte Böden auch für den Menschen selbst unmittelbar gefährlich. Ein hoher Nitratgehalt im Trinkwasser, mit Stickstoff überdüngte Spinat- und Salatpflanzen können, vor allem bei Kleinkindern, zu schweren Kreislaufzusammenbrüchen führen. Aus Nitrat entsteht Nitrit, das den Sauerstofftransport im Blut behindert.

Daß Mineraldünger nicht zu jeder Zeit, nicht bei jedem Wetter und nur in genau dosierten Mengen aufgebracht werden dürfen, macht ihren Gebrauch so problematisch. Aber auch aus Kostengründen ist es sinnvoll, im Kleingarten zu kompostieren und organisch zu düngen. Schließlich wird bei der Kompostaufbereitung nur das verwendet, was sonst auf die Müllhalden wandern würde, während der Einsatz von Kunstdüngern Jahr für Jahr neue Ausgaben des Kleingärtners bedingt. Und mit der Kompostwirtschaft kann gleich einer anderen Anforderung Rechnung getragen werden, die der Gartenboden stellt: Der bepflanzte Boden neigt zum Versäuern; dies ist mit einfachen Testreagenzien, die jeder Händler mit Gartenbedarfsartikeln führt, als ›pH-Wert‹ meßbar. Die meisten Kulturpflanzen bevorzugen ›neutralen‹ Boden mit einem Wert um pH 7; Böden mit kleineren pH-Werten nennt man ›sauer‹, solche mit einem pH größer als 7 ›alkalisch‹. Saure Böden sind relativ unbelebt; das saure Milieu hemmt die Entfaltung der im Boden lebenden Zersetzer. Kalk macht Gartenerde alkalisch; der versauernde Boden wird deshalb mit Kalkgaben wieder ins Gleichgewicht gebracht. Im natürlich bewirtschafteten Garten gebraucht man gern feinen Muschel- oder Algenkalk, den man beim Aufsetzen der Kompostmiete gleich mit einarbeitet und so beste Gartenerde im richtigen pH-Bereich erhält. Zur Information nachstehend eine Tabelle, nach der man Böden hinsichtlich ihres pH-Wertes beurteilen kann:

Klassifikation	pH	Klassifikation	pH
neutral	7,0		
schwach sauer	6,9 – 6,0	schwach alkalisch	7,1 – 8,0
mäßig sauer	5,9 – 5,0	mäßig alkalisch	8,1 – 9,0
stark sauer	4,9 – 4,0	stark alkalisch	9,1 – 10,0
sehr stark sauer	3,9 – 3,0	sehr stark alkalisch	10,1 – 11,0
extrem sauer	unter 3,0	extrem alkalisch	über 11,0

Im natürlich bewirtschafteten Kleingarten wird man also auf den Einsatz mineralischer Dünger verzichten, die zur Vernachlässigung des Bodens animieren und nichts zu einer gesunden, der Natur nachempfundenen Bodenschichtung mit reichem Humusanteil und funktionierendem Edaphon beitragen.

Der biologische Gartenbau hat aber neben dem Komposthaufen noch andere Facetten des organischen Düngens aufzuweisen; betrachten wir nun konkret, wie man im Kleingarten erfolgreich kompostiert und welche Möglichkeiten für eine naturgemäße Düngung und Bearbeitung es darüber hinaus gibt.

Kompostieren Für den Kleingarten kann die Anlage nur einer einzigen Miete genügen; besser ist jedoch auch hier – wie in einem größeren Nutzgarten – die Einrichtung einer zwei- oder dreigeteilten Kompostanlage. Ein Abteil wird als Auffangstation benutzt; hier sammelt man die Abfälle aus Garten und Laubenküche, die später – je nach anfallender Menge und nach der Lust des Gärtners in zwei- oder vierwöchigen Abständen – in dem einen oder den zwei anderen Abteilen zum geordneten Komposthaufen aufgeschichtet werden. Ob die gesamte Kompostanlage als freie Miete, in gekauften Silos oder in aus Brettern selbstgezimmerten Behältern eingerichtet wird, spielt für den Erfolg der Kompostierung natürlich keine Rolle, wenn man nur bei der Konstruktion die richtigen Bedingungen für Wasserhaushalt, Belüftung, mäßige Wärme und Windschutz berücksichtigt.

Die einzelnen Abteile sollten voneinander getrennt sein. Baut man sich etwa eine Anlage mit einer Umrahmung aus Brettern oder Holzplatten, so genügen zwei Trennwände, um insgesamt drei separate Boxen zur Verfügung zu haben. Die Zeichnung zeigt einen solchen Aufbau.

Eine dreiteilige Kompostanlage mit mobilen Wänden

Zweckmäßig sind Kompoststationen in einer Breite von rund 100 cm oder mehr, die von mindestens zwei Seiten gut zugänglich und somit bequem zu bearbeiten sind. Sie sollten von ihrer Form her ein geeignetes Verhältnis von Inhalt zu Oberfläche aufweisen, nämlich bei relativ geringer Oberfläche möglichst viel Kompostsubstanz aufnehmen können. Ein Boden wie beispielsweise ein Beton- oder Holzfundament oder eine Unterlage als Abschluß der Miete zur Gartenerde hin hemmen den Erfolg der Kompostierung; der Übergang vom Gartenboden in die Miete muß für die Kompostzersetzer, etwa den Regenwurm, möglich sein. Die

Grundfläche der Miete wird lediglich tiefgründig aufgelokkert, der Boden jedoch nicht umgeschichtet. Darauf wird ebenerdig oder höchstens in einer Spatentiefe die Miete angelegt.

Unabhängig von der Form eines Kompostbehälters ist immer eine ausreichende Luftzufuhr sehr wichtig. Denn was unter Sauerstoffmangel geschichtet wird, beginnt mit üblem Gestank zu verfaulen; im Komposthaufen aber wünscht man die Verrottung der organischen Substanz unter Mitwirkung aerobischer Bakterien, die für ihre Tätigkeit Sauerstoff brauchen. Das Ergebnis der Verrottung ist dunkle, duftende, nährstoffreiche Gartenerde; die Folge eines Faulungsprozesses dagegen ein stinkender Matsch, der für die Nährstoffversorgung der Pflanzen nicht zu gebrauchen ist.

Ein Kompostbehälter, wie ihn der Handel anbietet

Kompostierung – ein Frischkomposthaufen wird hier neben der reifen Miete angelegt

Was kann der Kleingärtner kompostieren? Alle organischen Materialien, die Haushalt, Garten und Umgebung liefern. Dazu gehören Küchenabfälle wie Kartoffelschalen und Teile vom Gemüseputzen, Fleischabschnitte und Speisenreste, Grasschnitt und Pflanzenstiele aus dem Garten, beim letzten Basteln angefallene Holzschnipsel und Sägespäne, Lumpen aus natürlichen Stoffen wie Wolle oder Baumwolle, Staub aus dem Staubsaugerbeutel und Papier – eben alle natürlichen Substanzen, die im Alltagsgeschehen als Abfall übrig bleiben. Nicht auf den Kompost gehören Metalle, Glas, Plastikfolien, Reste giftiger Verbindungen wie etwa Benzinlösungen, Reinigungsmittel und ähnliches, aber auch nicht der Abfall schwerkranker Pflanzen wie zum Beispiel der Strunk eines Hernie-befallenen Kohlkopfes. Die Erreger sind meist sehr robust und könnten, mit der Komposterde später ausgebracht, weitere Pflanzen infizieren. Daß man grobe und harte Materialien zerkleinert, bevor man sie kompostiert, leuchtet ein; so erleichtert man die Zersetzung auf der Miete. Baumzweige und Holzstücke etwa zerlegt man mit Beil, Gartenschere oder in 5 cm kurze oder noch kleinere Stücke.

Um gerade in der Küche jene für den Kompost geeigneten Abfälle von den anderen zu trennen, ist es sinnvoll, jeweils zwei Abfalleimer bereitzuhalten: In den einen – vielleicht durch eine grüne Lackierung kenntlich gemachten – werden die kompostierbaren, organischen Reste geworfen, der andere Kübel dagegen nimmt alles das auf, was der Müllabfuhr später zugeführt wird. In einigen Gemeinden werden heute schon generell die Haushalte mit zwei Müllkübeln statt früher nur einem ausgestattet; der Abfall soll sortiert weggeworfen werden und kann dann in großen Anlagen für ein Recycling genutzt werden.

In der Regel erhält man durch die Kompostierung einer Mischung aus Haushalts- und Gartenabfällen eine gute, nährstoffreiche Komposterde. Die überwiegend feuchten Haushaltsabfälle sind oft stickstoffreich, während die meist lockeren Gartenreste im Durchschnitt mehr Kohlenstoff einbringen. Einem Mangel an Stickstoff in der Kompostsubstanz kann man durch Zusätze wie Hornspäne, Knochenmehl, Stallmist und tierische Jauche, aber auch durch Brennesselsud entgegenwirken; man gibt sie beim Aufsetzen der Miete zum Kompost.

Wichtig für eine Komposterde mit ausgewogenem Nährstoffverhältnis ist die Mischung der Kompostmiete: Natürlich wird man eine Kompostanlage nicht ausschließlich etwa mit Grasschnitt beschicken, sondern das Gras mit anderen Materialien gut durchmischen und dazu Kalkgaben mit einbringen. Laub, das ohnehin recht lange bis zur völligen Verrottung braucht, sollte man mit Gartenerde, mit ein wenig Kalk und Hornspänen oder anderem mischen. Auch macht man den Kompost nicht durch zuviel Gartenerde und tierische Abfälle zu ›schwer‹, zu ›fett‹, sondern mischt diese wiederum mit zerkleinerten Holzstücken, Sägespänen, Pflanzenstielen, Unkrautbestandteilen. Samentragendes Unkraut kann kompostiert werden, gehört aber in das Zentrum der Miete, wo bei der Zersetzung Temperaturen von rund 60° C und mehr auftreten, die solche Samen keimunfähig machen.

Bei jedem Aufsetzen einer Kompostanlage muß der Kalk äußerst fein, fast puderartig verteilt werden; nur dann wird er auch in jedem Teil der fertigen Komposterde verarbeitet sein. Stellenweise überreichliche Kalkansammlungen in der Miete können die zersetzenden Lebewesen nicht auflösen.

Bei der Mischung des Gartenkomposts braucht man sich in der Regel kaum Sorgen um die richtige Zusammensetzung zu machen: Was in Küche und Garten anfällt, gibt meist schon eine günstige Mixtur ab. Man sollte jedoch darauf achten, daß die verschiedenen Bestandteile auf dem Komposthaufen nicht in getrennten, separaten Schichten angeordnet, sondern gut gemischt werden.

Mit dem Aufsetzen des eigentlichen Komposthaufens wird begonnen, wenn die beschriebene Auffangstation gefüllt ist. Hat man bei seiner Kompostanlage auf dieses Sammellager verzichtet, muß man zwangsläufig jede auch noch so kleine Abfallmenge aus Haushalt oder Garten sogleich auf den Kompostplatz bringen, was eine gelungene Mischung der Materialien für den Komposthaufen ungemein erschwert. Ist das Auffangabteil dagegen vorhanden und nicht gar so klein, können dort die anfallenden Kompostmaterialien nach Haushaltsabfällen, Gartenresten und Gartenerde getrennt gelagert werden. Auf diese Weise läßt sich beim Beschicken viel leichter eine gute Mischung des Komposthaufens herstellen. Gartenabfälle kann man natürlich noch zusätzlich nach Holzschnitt, Gras- und Wiesenschnitt, Laub und anderes trennen.

Gartenerde fällt bei vielen Arbeiten auf der Parzelle, wie beispielsweise beim Teichbau, bei der Anlage von Wegen und anderem an: dem Komposthaufen beigemengt, ›impft‹ sie mit dem in ihr enthaltenen Teil des Edaphon geradezu die neu angelegte Miete und bringt die Verrottung schnell in Gang. Daß man seinen Gartenboden verbessern kann, ›leichter‹ oder ›schwerer‹ machen kann, indem man dem Kompost Sand oder schweren Lehm zugibt, wurde bereits erwähnt. Wurden die Kompostmaterialien schon im Auffangabteil mit Kalk bestreut, so ist das beim Aufsetzen der Miete nicht nochmals notwendig.

Zum Aufsetzen des Komposthaufens legt man entweder dünne, kaum 2 cm starke Schichten aus den einzelnen Zutaten übereinander, oder man mischt – wie schon erwähnt – alle Zutaten gründlich und schichtet dann auf. Natürlich darf man die Zugabe von Gartenerde nicht übertreiben; ein Mengenverhältnis von Erde zu Kompostiergut zwischen 1:5 und 1:1 ist in der Regel angemessen. An den Außenseiten sollte man die Miete durch Schichten aus Erde und Grasschnitt abschließen, die den Komposthaufen ein wenig vor dem Austrocknen, aber auch vor dem Einregnen schützen.

Der richtige Feuchtigkeitsgehalt in der Miete ist sehr wichtig für die Verrottung des Materials. Zeigt eine mit dem Spaten entnommene Stichprobe, daß der Kompost beim Zusammendrücken mit der Hand kaum Wassertropfen abgibt und sich dennoch feucht anfühlt, er leicht zusammenbackt und nicht auseinanderrieselt, dann ist es um den Feuchtigkeitsgrad gut bestellt. In trockenen Sommern wird man die Miete öfter, aber sparsam mit der Gießkanne befeuchten müssen; in regenreichen Gebieten dagegen kommt man oft nicht umhin, den Komposthaufen mit einem Dach oder mit Folie vor Dauerregen zu schützen. Bei der Verwendung einer Folie muß man durch Steine, Rundhölzer oder ähnliches einen Zwischenraum zwischen Folie und Kompost erhalten, um die ausreichende Belüftung sicherzustellen.

Ist die Luftzufuhr durch sorgfältige Schichtung und die richtige Mischung der Materialien gewährleistet, erübrigt sich das früher oft übliche mehrfache Umsetzen des Komposthaufens. Nasse und schwere Substanzen werden also durch zerkleinerten Holzschnitt, durch Stroh, Laub oder trockenes, sprödes Material aufgelockert. Allerdings dürfen keine Hohlräume entstehen, welche die Entwicklung der Mikroorganismen beeinträchtigen könnten und die Verrottung verlangsamen.

Neben der Mischung mit bereits belebter Gartenerde kann man für eine rasche Zersetzung im Komposthaufen auch noch anderes tun: Sinnbild einer funktionierenden Kom-

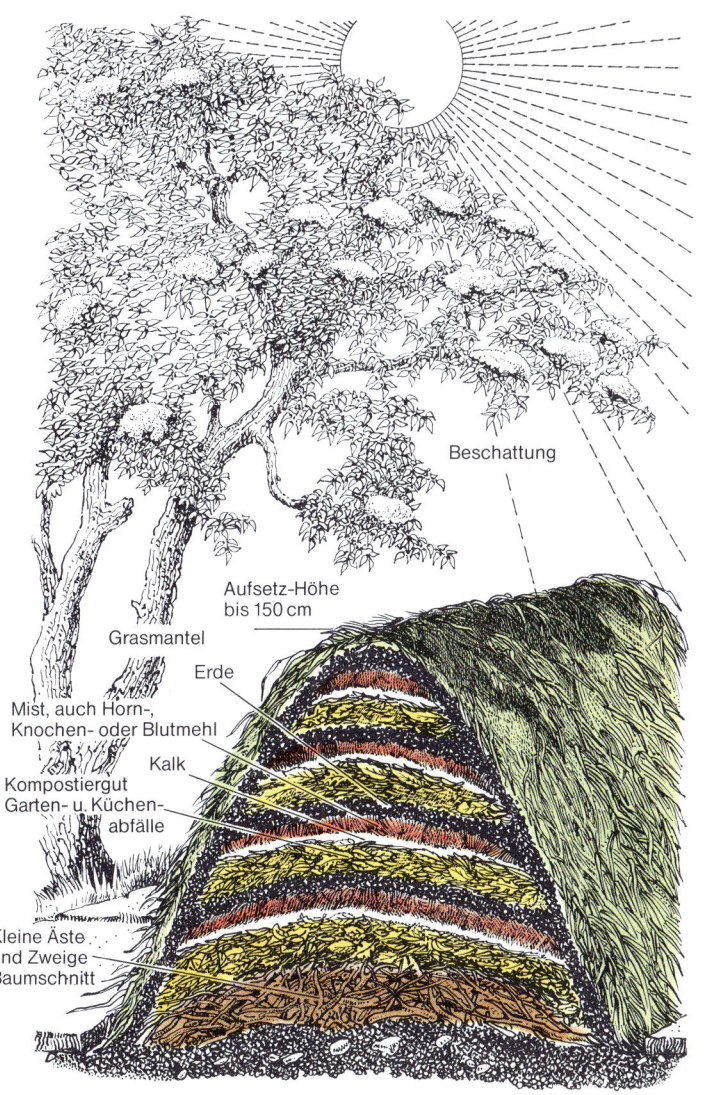

Schematischer Querschnitt durch eine Kompostmiete

postmiete ist der Regenwurm – ein Tier, das täglich etwa die Menge seines eigenen Körpergewichts frißt und zu rund 15 Prozent als humosen Kot wieder ausscheidet. Neben den eigentlichen Regenwürmern der zoologischen Gattung *Lumbricus* gehört der ›Kompostwurm‹ *Eisenia foetida* zu den wertvollen Helfern des Gärtners. Heute gibt es schon in vielen Städten ›Wurmfarmen‹, von denen der Kleingärtner Tiere beziehen kann, mit denen er seinen Komposthaufen und sein Kulturland reicher macht. Auch mancher Händler mit Angelzubehör kann diese Tiere liefern.

Wann ist die Kompostierung abgeschlossen? Jeder Komposthaufen hat eine andere Zusammensetzung, ist anderen Feuchtigkeits- und Temperaturbedingungen ausgesetzt, so daß es keinen verbindlichen Termin geben kann. Der Kompost einer durchschnittlichen Miete kann im Sommerhalbjahr nach 8 bis 16 Wochen gebrauchsfertig sein. Ein im Herbst aufgesetzter Haufen jedoch braucht weitaus länger, denn die kalten Wintermonate verlangsamen die Verrottung. Komposte mit sich schwer zersetzenden Materialien wie Holz oder Laub sind echte Langzeitmieten und können bis zur völligen Vererdung gut eineinhalb bis drei Jahre benötigen. Der reife Kompost hat eine sehr dunkle, schwärzliche Färbung und enthält nur noch relativ wenige in ihrer Struktur zu erkennende Bestandteile.

Die meisten Kulturpflanzen bevorzugen vollständig vererdeten Kompost; Frischkompost, dessen Zersetzung noch nicht ganz abgeschlossen ist, vertragen sie weniger gut. Lediglich einige stark zehrende Pflanzen, etwa Gartenkürbisse und Zucchini, gedeihen auch auf Frischkompost sehr gut.

Mit der reifen Komposterde kann der Kleingärtner seine Pflanzen kaum überdüngen, da sie sich die Nährstoffe je nach ihrem Bedarf erschließen. Man kann deshalb soviel Komposterde auf die Beete aufbringen, wie man zur Verfügung hat. Als Grunddüngung für die Kulturpflanzen wird alljährlich im Frühling oder Herbst eine ein bis mehrere Zentimeter starke Schicht aus Komposterde auf die Pflanzflächen aufgetragen; steht nicht genug Kompost zur Verfügung, genügt auch die Beschränkung auf die Saatreihen – Zwischenräume werden dann zwangsläufig brach gelassen. Die Komposterde braucht nicht eingegraben zu werden; sie wird lediglich auf die Oberfläche des gelockerten Gartenbodens aufgetragen und leicht eingeharkt. Flächen mit stark zehrenden Pflanzen und mit intensiven Kulturen sollte man vor der Saison und nach der Ernte mit zusätzlichen Kompostgaben düngen; beim Versetzen junger Pflanzen gibt man ebenfalls etwas Kompostsubstanz in die Pflanzlöcher. Jahr für Jahr hält der Kleingärtner ein wenig der Komposterde für das Aufsetzen der nächsten Miete zurück, um so die rasche Belebung und Verrottung des neuen Komposthaufens mit der ›Impferde‹ zu ermöglichen.

Der fertige, ausgebrachte Kompost sollte auf dem Gartenboden nicht austrocknen, wie auch allgemein die Gartenerde auf den Beeten und Rabatten niemals ohne jede Feuchtigkeit sein darf. Wie der Mischwald mit seiner bodendeckenden Schicht aus Laub und Zweigen, aus pflanzlichen und tierischen Resten, braucht auch der Gartenboden die Bedeckung mit organischen Materialien; sie schützt die humose Gartenerde vor dem raschen Austrocknen und fördert das Leben des Edaphon. Früher waren nackte, sauber abgeharkte, ›sterile‹ Beete Ausdruck bester Pflege durch einen rührigen Gärtner, heute gehört die Deckschicht zur Bodenpflege im biologischen Gartenbau. Und nicht nur das Pflanzenschutzamt Berlin rät 1985 in einer kleinen Abhandlung den Gärtnern: »Mulcht mal wieder!«

Mulchen Unter ›Mulchen‹ versteht man die Abdeckung des Bodens mit organischen Teilen, mit Pflanzenresten wie Rasenschnitt, Herbstlaub, Stroh, Holzschnitzel, Baumrindenstücken, Heu und anderem. Man mulcht auf Beeten und Rabatten, unter Obstbäumen und Ziergehölzen. Das Mulchen bringt für den Gartenboden viele Vorteile:

<u>Feuchtigkeitserhaltung</u> In der unbedeckten, porösen Gartenerde steigt das Bodenwasser bei Sonneneinstrahlung und hohen Temperaturen wegen der Kapillarspannung an die

Eine Mulchdecke aus Stroh und Grasschnitt um einen jungen Obstbaum

Oberfläche und verdunstet; der Boden trocknet aus. Eine Mulchschicht, als Puffer zwischen warmer Luft und Erde, schwächt dies ab; der Boden trocknet nicht so rasch aus.

Temperaturkonstanz Durch eine Mulchschicht werden Temperaturschwankungen im Oberboden gemindert; der bedeckte Boden ist wärmer. Untersuchungen zeigen Temperaturdifferenzen um 6°C zwischen unbedecktem und gemulchtem Boden.

Düngung Das organische Mulchmaterial zersetzt sich langsam und wird vom Edaphon in den Boden eingearbeitet; die Gartenerde wird humoser und mit Nährstoffen angereichert.

Erosionsschutz Die Bedeckung mindert, besonders in Hanglagen, den Bodenabtrag durch Wind und Wasser.

Verdichtungsschutz Prasselnde, platzende Regentropfen schlämmen einen unbedeckten Grund allmählich fest, verdichten ihn. − Die Mulchschicht schützt vor dem Schlag der fallenden Regenströme.

Kaum Unkraut Die Mulchschicht läßt Unkrautsamen nicht an die Erde, oder diese können aus Lichtmangel, den die Bedeckung schafft, nicht keimen.

Mulchen kann man zu jeder Jahreszeit: im Frühling und Sommer etwa wird die Mulchschicht zwischen die Pflanzenreihen der Beete aufgebracht, im Herbst werden abgeerntete Flächen für den Winter präpariert. Mit den Nadeln der Nadelbäume sollte man nicht mulchen; sie zersetzen sich schwer und schaffen kaum eine humose Bodenfruchtbarkeit. Ebenso kann man zum Mulchen mit Torf im biologischen Kleingarten nicht raten; einerseits säuert Torf ungewünscht den Boden an, auf der anderen Seite forciert die Torfnachfrage für Gartenzwecke allgemein die Zerstörung weiterer Moore und Feuchtgebiete. Mit im Handel erhältlichen schwarzen Folien, die mit Belüftungs- und Pflanzschlitzen versehen sind, läßt sich eine Mulchschicht aus organischem Material gut ersetzen; allerdings entfällt dann der Vorteil der zusätzlichen Düngung durch die langsame Zersetzung von Pflanzenresten. Außerdem fällt in Garten und Haushalt ohnehin viel zum Mulchen und zur Kompostierung geeigneter Abfall an, welcher sonst sinnlos der Müllabfuhr zugeschoben werden müßte.

Das vom Häcksler oder von Hand zerkleinerte Mulchmaterial wird dünn auf die gelockerten Flächen ausgestreut. Bei frischen Pflanzenteilen, wie etwa jungem Grasschnitt, werden später, wenn das Material gewelkt und geschrumpft ist, weitere Schichten aufgebracht. Dies wird immer dann wiederholt, wenn die Bodenfläche wegen der Austrocknung oder Zersetzung der Mulchschicht wieder zum Vorschein kommt.

Gründüngung Eine Gründüngung kann auch auf neu anzulegenden und unbearbeiteten Parzellen sinnvoll sein. Dazu werden Pflanzen wie Senf, Ölrettich, Kresse, Raps, Feldsalat, Lupinen, Rot-, Steinklee oder Wicken angebaut, deren Wurzelleistungen und spätere Zersetzung den Boden verbessern. Nährstoffe der tieferen Bodenschichten werden dabei an die Oberfläche verlagert, die Ausspülung von Nährstoffen gemindert, schwere Böden poröser gemacht und der Bodenabtrag durch den Wind reduziert.

Die Saat wird als Zwischenfrucht ausgebracht, und später, im Herbst, werden die Pflanzen stehengelassen, damit sie sich nach dem Absterben zersetzen und dem Boden ihre Nährstoffe wieder zuführen. Dabei springt natürlich für den Boden kein Nährstoffgewinn heraus; er erhält nur das zurück, was die Pflanzen ihm vorher entnommen haben. Aber die nun verrottende Pflanzenmasse hebt die biologische Aktivität im Boden, stärkt die Bodenlebewesen. Dadurch wird langsam ein lockerer und humoser Boden geschaffen.

Lediglich bei der Aussaat von Leguminosen (Schmetterlingsblütengewächse, Fabaceae) ergibt sich ein echter Nährstoffgewinn: Hier wird im Wurzelsystem durch bestimmte Knöllchenbakterien freier Stickstoff aus der Luft in den Boden gebracht und gebunden. Luzernen, Erbsen, Bohnen und andere Hülsenfrüchte sind also beste Stickstoffzuträger; jedoch sollten sie vor der Fruchtbildung geschnitten werden, damit nicht ein Teil des Stickstoffs von den Pflanzen wieder verbraucht wird.

Im bereits angelegten Kleingarten können einzelne Flächen gut im Jahrestakt mit Gründüngungspflanzen besetzt werden, wie dies im Abschnitt ›Fruchtwechsel und Mischkulturen‹ erläutert wird.

Jauche und Stallmist Die Verwendung von tierischer Jauche, also vergorenem Urin, wird im städtischen Kleingarten ohne Tierhaltung und in großer Entfernung zum nächsten Bauernhof die Ausnahme bleiben. Wer aber Tiere hält oder sich tierische Fäkalien beschaffen kann, gewinnt damit besten, wertvollen Dünger.

Ähnlich wie unreifen, noch nicht vererdeten Frischkompost vertragen auch frischen, nicht zersetzten Mist nur die wenigsten Pflanzen. Es ist besser, die an Pflanzennährstoffen reiche Substanz mit den anderen Materialien aus Laube und Garten zu kompostieren und die vollständige Verrottung abzuwarten. Jauche – nicht zu verwechseln mit ›Gülle‹, dem unvergorenen Urin der Stalltiere – läßt sich gewinnen, indem man ein geeignetes Gefäß je nach Vorrat zu einem Drittel mit Urin und Mist und zu zwei Dritteln mit Wasser füllt. Die Düngesubstanz gehört nun an einen sonnigen, windgeschützten Platz, wo unter Wärmeeinwirkung die frischen Fäkalien zur Jauche vergoren werden. Häufiges Umrühren ist wünschenswert und fördert die Luftzufuhr. Zugaben von Stein- und Knochenmehl binden die Flüssigkeit und lindern eine unangenehme Geruchsbildung in den ersten Tagen der Gärung.

Die Jauche ist verwendungsfähig, wenn sie keine Blasen mehr bildet, nicht mehr schäumt. Sie wird nun reichlich mit Wasser verdünnt, bis eine hellere, nur noch schwach bräunliche Lösung entstanden ist.

Die Jauche sollte sparsam abends, nicht in den heißen Mittagsstunden eines sonnigen Sommertages, vorsichtig auf die Gartenerde gegossen werden, jedoch nicht unmittelbar auf die Pflanzen.

Für die Jauchenherstellung kann man jedes verfügbare, nicht metallische Gefäß wie beispielsweise Holzfässer, Kunststoffeimer, Tonkrüge oder Zementtröge benutzen; bei Metallbehältnissen kann es nämlich zu unliebsamen chemischen Reaktionen zwischen Jauche und Metall kommen.

Rein pflanzliche Jauchen aus den verschiedenen Kräutern, die Wegrand und Gartensaum, Straßenrand und Parkfläche bieten, sind im Kleingarten leicht herstellbar. Für solche Jauchen geschätzt und häufig verwendet werden z. B. Rainfarn (*Chrysanthemum vulgare*), Schafgarbe (*Achillea*), Kamille (*Matricaria*), Löwenzahn (*Leontodon*) oder Wegwarte (*Cichorium*). Außer zur gehaltvollen Düngung werden Kräuterjauchen einiger Pflanzen mit insektiziden Wirkungen gern als Schädlingsbekämpfungsmittel eingesetzt. Brennesseln (*Urtica*) oder Schachtelhalme (*Equisetum*) sind Beispiele dafür.

Die Vergärung erfolgt wie bei der tierischen Jauche. Allerdings kann man das Jauchgefäß mit frischen Kräutern nicht nur zu einem Drittel, sondern mindestens zur Hälfte füllen und dann Wasser zugeben. Auch hier verkürzt ein warmer Standort die Gärungszeit. Eine reichliche Verdünnung der fertigen Lösung mit Wasser im Verhältnis 1:15 oder mehr ist ratsam, wenn nicht die Jauche als konzentriertes Schädlingsbekämpfungsmittel eingesetzt, sondern als Dünger verwendet werden soll. Die Pflanzen selbst werden dann wiederum nicht mit der Jauche benetzt.

Verarbeitete Naturdünger Manche im Handel erhältliche organische Dünger sind industriell aufgearbeitete, natürliche Substanzen, die man im biologischen Kleingarten gern verwenden würde, stünden sie in der Stadt überhaupt zur Verfügung. Dazu gehören etwa Hornspäne und Trockensubstanzen, die unter Feuchtigkeitsentzug aus Stallmist gewonnen werden. Gegen die Verwendung solcher Materialien nach den Angaben der Hersteller wird auch der Gärtner nichts einwenden, der auf eine biologische Gartenpflege nach ökologischen Gesichtspunkten bedacht ist. Es muß also nicht alles ängstlich geprüft werden, was die Industrie dem Kleingärtner als Dünger anbietet. Man sollte aber auf der Hut sein vor dem abgenützten Prädikat ›biologisch‹: Natürlich wirken auch chemisch-synthetisch erstellte Substanzen auf biologische Prozesse ein, indem sie etwa als Dünger das Wachstum der Pflanzen ermöglichen. ›Biologisches‹ Gärtnern, so wie wir es meinen, bedeutet die Nachahmung der Verhältnisse in der Natur — und hat dabei eine Schonung der Umwelt im Sinn, beispielsweise durch die Kompostwirtschaft, die das stetige Wachsen der Müllhalden durch die Verwendung wertvoller Rohstoffe schmälert.

Organische Handelsdünger können vor allem dann von Nutzen sein, wenn in den Anfangsmonaten der Parzellenbewirtschaftung noch nicht ausreichend Kompost zur Verfügung steht oder wenn der mit Kunstdüngern herkömmlich bearbeitete Kleingarten auf die natürliche Wirtschaftsweise umgestellt werden soll. Daß aber letztlich der Garten durch die Wiederverwertung vorhandener Abfälle gespeist werden sollte, liegt nicht nur im Interesse von Staat und Gemeinde, sondern auch in dem des Kleingärtners — Handelsdünger kostet schließlich Geld, während die organischen Abfälle aus Laube und Garten ohnehin vorhanden sind. — Vielleicht regt dieser kleine Exkurs über die Möglichkeiten des biologischen Düngens manchen Kleingärtner dazu an, ein durchdachtes Recycling zu praktizieren.

Im natürlich bewirtschafteten Kleingarten mit seiner funktionierenden Kompostmiete stellt sich insbesondere für den Nutzgartenteil mit seinen zahlreichen Gemüsesorten die Frage nach der Menge an Kompostmaterial, mit der gedüngt werden sollte. Nun, starre Regeln gibt es nicht: Es wurde schon angeführt, daß vererdeter Kompost den Pflanzen nicht schaden kann. Je mehr reifen Kompost der Kleingärtner hat, um so besser für seine Parzelle. In der Regel reicht ein durchschnittlich großer Komposthaufen pro Jahr für Düngeschichten auf den Kulturflächen von einigen Zentimetern. Wer mit dem organischen Material, das Laube und Garten, aber auch die städtische Wohnung liefern, nicht auskommt, mag sich für die Kompostierung zusätzliche Substanzen besorgen; Laub, Holzreste, Gras- und Baumschnitt wird man bei manchem Nachbarn bekommen.

Um den gewonnenen Dünger ertragsfördernd einsetzen zu können, sollte der Nährstoffbedarf der einzelnen Kulturpflanzen berücksichtigt werden: Man unterscheidet nach ihrer Nährstoffaufnahme Starkzehrer, Mittel- und Schwachzehrer. Zu den starkzehrenden, reiche Nährstoffgaben benötigenden Pflanzen gehören die Kohlarten, Kürbisgewächse mit Zucchini, Sellerie, Gurken, Tomaten, Porree, Kartoffeln und Rhabarber. Mittelzehrer sind Möhren und Karotten, rote Bete, Radieschen, Rettiche, Zwiebeln, Fenchel und Salate mit ihrem Kali- und Phosphatbedarf, aber auch die Stickstoffspender Erbsen und Bohnen. Schwachzehrer sind der Feldsalat und die Küchen- und Heilkräuter von Basilikum bis Zitronenmelisse.

Fruchtwechsel und Mischkulturen

Zu einem ertragreichen und effektiven Anbau von Gemüse gehören Kenntnisse über charakteristische Fruchtfolgen und Mischkulturen. Unter ›Fruchtfolge‹ versteht man den planmäßigen, meist jährlichen Wechsel der Standorte unserer Kulturpflanzen auf der Nutzgartenfläche. Man baut nicht Jahr für Jahr etwa Möhren oder Kohl auf demselben Beet an, sondern läßt alle Pflanzen nach einem sinnvollen Schema die Beete ›durchwandern‹. Dem Fruchtwechsel liegt die Erkenntnis zugrunde, daß die verschiedenen Pflanzen die Nährstoffe jeweils in einem ihnen eigenen, von Art zu Art verschiedenem Verhältnis dem Boden entnehmen. Es würde deshalb den Gartenboden unnötig belasten und auslaugen und rasch zu einer Ertragsarmut führen, wenn man jedes Jahr auf dem gleichen Beet die immer gleichen Pflanzenarten ziehen wollte. Der gesunde, ausgewogen nährstoffreiche Boden wird erhalten, indem der Kleingärtner organisch düngt und die Fruchtfolge praktiziert. Aber auch hier gilt, daß die Regel ihre Ausnahmen hat: Von Tomaten etwa weiß man, daß erfolgreiche Kulturen und beste Erträge über Jahre hinweg am selben Standort möglich sind.

Werden Pflanzen alljährlich auf demselben Platz und dazu noch in Monokultur kultiviert, wird also ausschließlich eine Art gepflanzt, so tritt neben Bodenmüdigkeit auch eine erhöhte Anfälligkeit für Krankheiten und Schädlinge auf. Artspezifische tierische Schädlinge finden in Monokulturen beste Bedingungen für ihre Ernährung vor, vermehren sich explosionsartig – und sind dann im herkömmlichen bewirtschafteten Garten oder Feld nur mit der ›chemischen Keule‹, durch den Einsatz chemischer Bekämpfungsmittel zu stoppen. Hier setzt im biologischen Gartenbau die ›Mischkultur‹ ein: Auf der Gartenfläche werden nicht einzelne Pflanzenarten für sich allein und ohne Nachbarn angebaut, sondern mit anderen, geeigneten Kulturpflanzen kombiniert. Es ist noch nicht vollständig geklärt, warum benachbarte Pflanzen ihr Gedeihen gegenseitig günstig oder ungünstig beeinflussen; sicherlich spielen dabei das Stoffwechselgeschehen im Wurzelbereich und die Abgabe von Duftstoffen eine Rolle.

Für das Säen und Pflanzen in einer Mischkultur und die damit verbundene Bodenpflege sind folgende Hinweise praktikabel:

Pflanzenabstand Die Pflanzen werden so gesetzt, daß sich im ausgewachsenen Zustand ihre Blätter ein wenig gegenseitig überlappen, der Boden überall bedeckt wird.

Pflanzzeiten Damit der Gartenboden nie ganz unbedeckt bleibt, sollten die verschiedenen Pflanzenarten nicht den gleichen Erntetermin haben.

Pflanzenkombination Schwachzehrer dürfen mit Mittelzehrern, Mittel- mit Starkzehrern zusammengesetzt werden. Schwach- und Starkzehrer sollten dagegen nicht kombiniert werden. Pflanzen mit flachem Wurzelsystem passen gut zu tiefwurzelnden, breitwüchsige gut zu schlanken Pflanzen.

Die nachstehende Tabelle zeigt für den Gemüsegarten geeignete Pflanzenkombinationen. Dabei steht ein Pluszeichen für eine gegenseitige günstige Beeinflussung, durch das

	Bohnen	Endivien	Erbsen	Erdbeeren	Fenchel	Gurken	Karotten/Möhren	Kartoffeln	Knoblauch
Bohnen				−		−	+	+	−
Endivien	+				+				
Erbsen	−				+		+	−	−
Erdbeeren									+
Fenchel	−	+	+			+			
Gurken					+				+
Karotten/Möhren			+						+
Kartoffeln					−				
Knoblauch	−			−	+	+	+		
Kohlarten			+			+	+	+	+
Kopfsalat			+	+	+	+			
Lauch	−	+	−	+			+		
Mais									
Mangold							+		
Meerrettich								+	
Pflücksalat					+				
Radieschen/Rettich			+	+			+		
Rote Bete						+		−	
Rhabarber									
Sellerie		+				+		−	
Spinat								+	+
Tomaten			−		−	−	+	−	+
Zucchini	+								
Zwiebeln	−			+			+	+	

94

Minuszeichen kenntlich gemachte Zusammensetzungen sollten dagegen vermieden werden; neutrale Beziehungen werden nicht erwähnt:

Kohlarten	Kopfsalat	Lauch	Mais	Mangold	Meerrettich	Pflücksalat	Radieschen/Rettich	Rote Bete	Rhabarber	Sellerie	Spinat	Tomaten	Zucchini	Zwiebeln
+	+	−		+	+	+	+	+	+	+		+		−
+		+												
+	+	−					+					−		
+	+	+					+							+
	+					+						−		
+	+						−			+		−		+
		+		+			+					+		+
			+		+					−		+	−	
−												+		
		+					+		+	+	+	+		+
+		+	+				+		+	−		+		+
+	+							−		+		+		
	+							−		−		+		
						+								
+							+	+	+			+		
+	+			+		+						+	+	−
		−	−				+							+
+	+						+				+			
+	−	+	−									+		
							+		+			+		
+	+	+	+			+	+			+	+			
														+
−	+						−	+					+	

Diese Tabelle zeigt vorrangig günstige und unvorteilhafte Verknüpfungen der einzelnen Gemüsearten; sie basiert auf den Ergebnissen der Forschungsanstalt für biologischen Landbau in Oberwil/BL. in der Schweiz und wurde mit deren freundlicher Genehmigung bereits im Band ›Der Gemüsegarten‹ (Heyne Ratgeber 08/4687) angeführt und erläutert.

Erfolge in der Schädlingsabwehr und Wuchsförderung beschränken sich nicht nur auf die Kombination reiner Gemüsepflanzen, auch Heil- und Gewürzkräuter können ein schützender Nachbar sein. Die Saat von Borretsch in Kohlrabiflächen, Basilikum in Gurkenkulturen, Kerbel zwischen Salatköpfe und Bohnenkraut zu Hülsenfrüchten sind Beispiele dafür.

Kapuzinerkresse unter Obstbäumen sowie Tagetes, Ysop, Thymian, Salbei, Lavendel, Rosmarin werden als wirkungsvolle Zwischenpflanzen und Beeteinfassungen im biologischen Gartenbau empfohlen — durch die Abgabe intensiver Duftstoffe schützen Kräuter in einer großen Bandbreite vor Schädlingen im Nutzgarten.

Der Kleingärtner tut gut daran, sich durch Ratschläge und Hinweise nicht den Mut zu eigenen Kombinationsversuchen nehmen zu lassen. Rasch wird er erkennen, welche Formen der Mischkultur seinen Pflanzen zuträglich sind und welche sie in ihrer Entfaltung behindern.

Kein Aufsatz, keine Broschüre, kein Buch soll dem Gärtner das eigene Probieren und Erleben abnehmen — und macht nicht gerade das durch Erfahrungen geschulte Eindenken in das Geschehen im Garten die Freude an der Parzelle aus?

Ein Spezialfall der Nutzpflanzenkultur soll hier nicht unerwähnt bleiben: Die Anlegung von Hügelbeeten schafft Mischkulturen auf nährstoffreichem Untergrund und vergrößert dazu die Beetfläche. In einer Breite von etwa 160 bis 180 cm werden, wie die Zeichnung zeigt, in Schichten grobe Holzreste, Laub und andere Herbstabfälle, schließlich Garten- und Küchenabfälle in einer flachen Mulde bis zu einer Höhe von etwa 60–70 cm über dem umgrenzenden

Hügelbeet im Herbst

Gartenniveau aufeinandergelegt und nach außen hin mit einer Lage humoser Gartenerde abgeschlossen. Das in Nord-Süd-Richtung weisende Hügelbeet wird nun mit günstigen Pflanzenkombinationen bepflanzt; bewässert wird über die Gußrinne oder Bewässerungsflaschen. Durch die langsame Zersetzung des organischen Materials im Hügel werden auf lange Zeit immer neue Nährstoffe für die Pflanzen erschlossen, so daß diese bestens versorgt sind. Die vergrößerte Oberfläche schafft im Vergleich zu herkömmlichen Beeten auf gleicher Grundfläche zusätzlichen Platz für die Gemüsekultur. Ein Hügelbeet kann gut in einer Länge von 3 – 10 m angelegt werden, je nach den Platzbedingungen im Kleingarten.

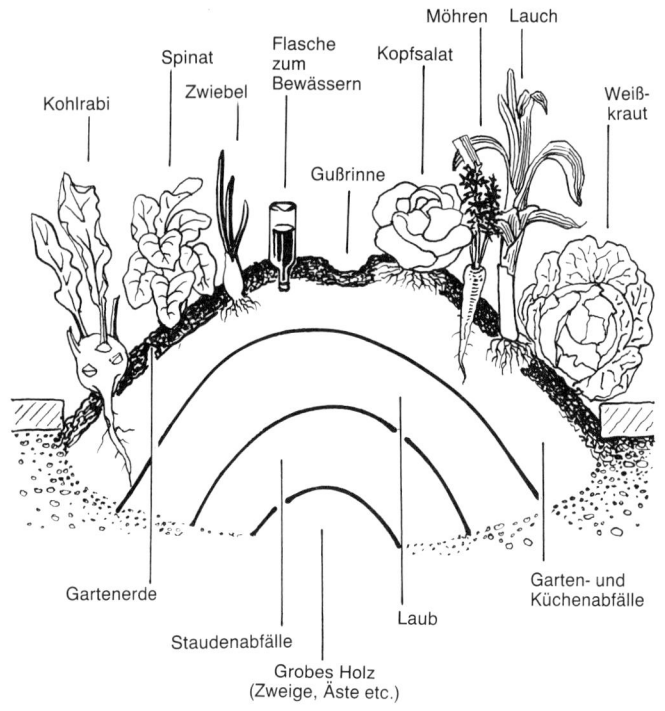

Das Hügelbeet – Vergrößerung der Gartenfläche und Mischkultur auf nährstoffreichem Untergrund

Kehren wir nun zur Beschreibung von Fruchtwechsel und Fruchtfolgen zurück. Was kann man tun, wie kann man planen, damit nicht in jeder Gartensaison die immer gleiche Pflanzenart denselben Platz einnimmt? Um einen Vierjahrestakt zu schaffen, teilt man die gesamte Nutzfläche des Kleingartens in vier Abteilungen (A, B, C, D) auf und stellt sich für jeweils ein Jahr vier günstige Mischkulturen zusammen: Eine überwiegend mit Starkzehrern (I), eine hauptsächlich mit Mittelzehrern (II), eine Mischkultur mit schwach zehrenden Pflanzen (III) und schließlich eine

Einheit mit Gründüngungspflanzen (IV). Im ersten Jahr kann man nun die Starkzehrer auf die Beete der Gartenabteilung A pflanzen, die Gruppen II und III auf die Abteilungen B und C und die Gründüngungspflanzen auf die Abteilung D plazieren.

Zusammengefaßt und in Kurzform geschrieben: Man hat in seinem Kleingarten im ersten Jahr die Aufteilung A(I), B(II), C(III) und D(IV). Im zweiten und den folgenden Jahren läßt man die Pflanzengruppen I bis IV jeweils die Abteilungen A bis D ›durchwandern‹; im zweiten Jahr also wird I auf B, II auf C, III auf D und IV auf A gesetzt. So pflanzt man dann im vierten Jahr Mischkultur I auf D, II auf A, III auf B und IV auf C.

Im fünften Jahr der Bearbeitung nach diesem Schema beginnt der Rhythmus wieder von neuem: I auf A, II auf B, III auf C und IV auf D. Man hat demnach jedes Jahr andere Pflanzen auf den Beeten, der Bodenmüdigkeit wird also vorgebeugt.

Die Pflanzen für die einzelnen Mischkulturen sollte sich der Kleingärtner auch nach dem Geschmack der eigenen Familie zusammenstellen: Zum Beispiel ist es Unsinn, auf der Mittelzehrerfläche Zwiebeln mit roten Rüben zu kombinieren, wenn kein Familienmitglied rote Beten essen mag. Aus der Liste der günstigen Pflanzenkombinationen wird jeder die passenden Mischkulturen herausfinden, die auch seinem Geschmack entsprechen.

Dieses Taschenbuch soll möglichst viele Aspekte der Kleingartenbearbeitung beleuchten; in der notwendigen Selbstbeschränkung können nicht alle angeschnittenen Themen in der wünschenswerten Ausführlichkeit besprochen werden. Der interessierte Kleingärtner mag sich deshalb durch weiterführende Gartenliteratur informieren, welche die Erkenntnisse zu Fruchtfolgen und Mischkulturen im biologischen Gartenbau vertiefend erläutert. Im Band ›Der Gemüsegarten‹ (Heyne Ratgeber 08/4687) werden dem Gärtner konkrete Hinweise zu Mischkultur und Fruchtfolge vorgestellt.

Säen und Pflanzen

Das heute im Handel angebotene Saatgut ist fast immer sortenecht und standardisiert; die Samen besitzen eine hohe Keimquote und weisen mit großer Regelmäßigkeit die sorteneigenen Merkmale auf. Es ist meist ratsam, für jede Saison das Saatgut neu im Handel zu kaufen oder die noch keimfähigen Restsamen des Vorjahres zu nutzen. Die Verwendung von Samen aus dem eigenen Kleingarten ist oft nicht praktikabel: Einerseits sind nicht alle Samen, die eine Pflanze hervorbringt, auch unbedingt fruchtbar und keimfähig; zum anderen blühen und fruchten manche Kulturpflanzen erst in ihrem zweiten Jahr, wo man doch aber bereits im Jahr der Saat ihre eßbaren Teile nutzen will und sie erntet. Ob das Saatgut der Vorjahre noch ausreichend keimfähig ist, läßt sich leicht feststellen: Keimt von einigen auf ein befeuchtetes Löschblatt gelegten Samen mindestens die Hälfte, kann man dieses Saatgut noch verwenden.

Bei den Aussaatzeiten hält man sich an die Hinweise auf den Samentüten oder an die Beschreibung der einzelnen Gemüse- und Blumenarten in diesem Buch. Allerdings sind die Angaben auf den Saattaschen nur Durchschnitts- und Erfahrungswerte, die je nach Wetterbedingungen und Ort anders ausfallen können. So hat es keinen Sinn, dem Ratschlag auf der Samentüte folgend, etwa im frühen April im Freiland auszusäen, wenn zu dieser Zeit im eigenen Kleingarten noch Nachtfröste auftreten, da Samen und junge Pflanzen keinen Frost vertragen. Es hat sich deshalb bewährt, ein eigenes Gartenheft anzulegen, in dem die ersten und letzten Fröste, die Regenzeiten, die Temperaturen im Frühling, Sommer und Herbst notiert werden; nach mehreren Jahren ergibt sich so ein Überblick über das Klima im eigenen Kleingarten. Vielleicht kann man sich auch bei der nächsten meteorologischen Station über die Werte der letzten Jahre erkundigen.

Heute gibt es bearbeiteten Samen in vielen Formen, die dem Gärtner die Saat erleichtern und optimale Ergebnisse bewirken sollen. Das beginnt beim pillierten Saatgut: hier ist der Samen mit einer runden, schützenden Masse umgeben, die sich bei Befeuchtung zersetzt und die Keimung unterstützt. Solches Saatgut ist oft besser auszustreuen und kann wegen der ebenmäßigen Form auch mit Sämaschinen ausgebracht werden. Ebenso sind Saatbänder erhältlich, bei denen die Samen im richtigen Abstand auf einem langen Papierstreifen befestigt sind: nach dem Auslegen in der Gartenerde und der Bewässerung gibt das Papier die Samen frei. Allerdings erspart auch ein solches Saatband nicht das spätere Auslichten junger Pflanzen, denn es sind oft jeweils mehrere Samen am selben Bandabschnitt eingebettet; dies soll die Keimung mindestens eines Samens gewährleisten. Gleiches gilt für die neu entwickelten ›Saatstecker‹: Hier sind Samen unter die Lasche eines Pappsteckers geklebt, der bis zu einer Markierung gleich im richtigen Pflanzabstand in die Erde gesteckt wird. Bei einer 100%igen Keimquote muß auch hier ausgelichtet werden.

Für den Kleingarten genügt in der Regel das Basis-Saatgut, d.h. die in ihrer Form unveränderten und nicht verarbeiteten Samen. Grobes Saatgut kann man ohnehin leicht und kontrolliert ausbringen; feinsten Samen mischt man mit feinem, trockenem Sand und kann ihn so gefühlvoller und dosiert aussäen.

Auf den Samentüten sind immer die Pflanzensorten beschrieben und Hinweise zu Aussaattermin und Pflanzenabstand gegeben. Diese Beschreibungen sind nicht immer sehr ausführlich; dennoch sind sie wertvolle Hilfen für den Kleingärtner. Früher war es oft üblich, Saatreihen mit den am Ende in die Erde gesteckten Tütchen zu markieren – ganz hübsch und praktisch, aber leider nur bis zum nächsten großen Regen, der das Papier aufweicht und die Beschreibungen unbrauchbar macht. Es ist deshalb besser, die Samentaschen in das Gartenheft einzukleben und dazu die eigenen Beobachtungen im Laufe der Saison zu notieren. So erhält man im Lauf der Jahre ein Archiv, in dem alles Wissenswerte über Samen und Pflanze nachzulesen ist. – Saatreihen kann der Kleingärtner auch durch kleine Stöckchen oder Stecketiketten kenntlich machen.

Wie geht man bei der Aussaat ins Freiland vor? Das Saatbeet sollte sorgfältig vorbereitet, d. h. fein gekrümelt und aufgelockert sein. Bereits vor dem Säen wird der Boden gewässert. Auf den Beeten – die nicht breiter als etwa 120 cm sein sollten, damit man von den Wegen an beiden Längsseiten aus noch gut auf ihnen arbeiten kann – zieht man mit Augenmaß oder mit Hilfe einer Gartenschnur mit dem Stil von Hacke oder Rechen gerade Rillen; auf gemulchten Flächen schiebt man zuvor das Material ein wenig zur Seite. In diesen Rillen werden nun die Samen im richtigen Abstand ausgelegt oder ausgestreut, dann leicht in den Boden gedrückt und dünn mit Erde bedeckt. Als Faustregel gilt, daß die Bedeckung so dünn sein soll wie der Durchmesser des Samenkorns. Nach der Aussaat wird das Beet nochmals behutsam mit feinem Strahl befeuchtet, ohne das Erdreich aufzuwirbeln und die Samen wegzuschwemmen. Während der Keimung darf der Boden mit der Saat keinesfalls austrocknen; bei trockenem Wetter ist vorsichtiges und sparsames tägliches Gießen angebracht. Im Anschluß an die Aussaat auf den Saatreihen als Schutz vor der Austrocknung zu mulchen, bewährt sich nur, wenn man die Keimdauer kennt, die von der Temperatur abhängig ist. Nach der Keimung der Samen müssen die jungen Pflanzen sofort vom Mulch befreit werden, um ausreichend Licht und Luft zu erhalten.

Wenn die jungen Pflanzen neben ihren Keimblättern die ersten Hauptblätter gebildet haben, kann pikiert und ausgelichtet werden. Dabei verwendet man natürlich jeweils die kräftigsten und am besten entwickelten Jungpflanzen. ›Auslichten‹ bedeutet hier, die überzähligen Pflanzen abzuschneiden oder vorsichtig herauszuziehen, um zwischen den verbleibenden den Abstand herzustellen, den sie für ihre kräftige Entwicklung benötigen. ›Pikieren‹ ist das Versetzen kräftiger Keimlinge aus dem Saatbeet oder der Saatschale von Fensterbank bzw. Treibhaus an ihren Platz im Sommerbeet. Bei jungen Pflanzen ist der Stengel oft der empfindlichste Teil; man faßt sie besser an den Blättern an. Alle Abstandsmaße, die wegen der Nährstoffkonkurrenz der

Pflanze mit ihrem Nachbarn gegeben werden, beziehen sich auf den erwachsenen Grünling; bei den jungen, noch kleinwüchsigen Pflanzen erscheint er dem Gärtner deshalb oft als viel zu groß. Verpflanzen sollte man nur an feuchten, nicht heißen Tagen; nach dem Versetzen muß kräftig gewässert werden.

Die Gartensaison ist in vielen Gebieten Deutschlands verhältnismäßig kurz; kurzfristige Temperaturstürze im Mai und sogar im frühen Juni sind keine Seltenheit − kein optimales Klima im Freiland für die Aufzucht wärmeliebender Pflanzen wie etwa Gurken oder Tomaten. Im Interesse rechtzeitigen Pflanzenwachstums und reicher Erträge kann man der Natur ein Schnippchen schlagen und im Treibhaus oder auf der Fensterbank der Wohnung bereits zeitig aussäen, was später im Freiland gedeihen soll. Für eine Anzucht auf der Fensterbank gibt es viele Möglichkeiten, von denen wir einige erwähnen wollen.

Am einfachsten ist sicherlich die Aussaat in Anzuchtgefäße. Der Handel bietet solche, speziell für diesen Zweck gedachte Schalen aus Plastik an; aber letztlich genügt jedes Gefäß, das der eigene Haushalt hergibt. Allerdings sollte es Drainagelöcher haben, damit überflüssiges Gießwasser ablaufen kann und die jungen Pflanzen im Anzuchtsubstrat nicht faulen; über die Löcher legt man grobe Scherben, vielleicht von einem alten Blumentopf. Das Gefäß wird mit reifer, feingesiebter Komposterde oder gekauftem Anzuchtboden gefüllt. Nun wird in die befeuchtete Erde ausgesät, und später werden die kräftigsten Jungpflanzen in Töpfe umgesetzt. Je nach Dauer bis zum Auspflanzen ins Freiland und nach dem Wachstum der Pflanzen kann auch mehrmaliges Umpflanzen in immer größere Töpfe notwendig sein. Tomatenpflanzen zum Beispiel, die man Ende März bis Anfang April auf der Fensterbank aussät, sind schon 30 − 60 cm groß, wenn sie Ende Mai ins Freiland gepflanzt werden. Für die Keimung der Saat und für die jungen Pflanzen im Haus sind helle Südfenster und Raumtemperaturen von 18 − 20°C und mehr ideal; ein dunkler, kalter Kellerraum ist hier weniger geeignet.

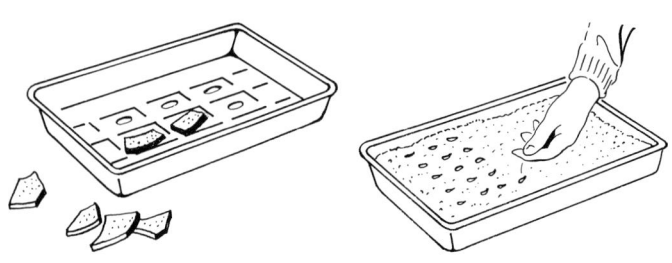

Aussaat auf der Fensterbank oder im Treibhaus –
Scherben über die Drainagelöcher und Samen in feine Anzuchterde
legen; die jungen Pflanzen in Töpfe pikieren

Für die Vorkultur auf der Fensterbank bewährt haben sich auch im Handel erhältliche Mini-Gewächshäuser, die zu den geeigneten Temperaturverhältnissen noch ein optimales, feuchtes Kleinklima für die Pflanzen schaffen. Was sich auf der Fensterbank kräftig entwickelt hat, wird an einem warmen Tag im Kleingarten eingepflanzt.

Eine gute Anzuchthilfe stellen auch Torfquelltöpfe dar. Sie haben im Trockenzustand eine Tablettenform und quellen nach dem Wasserbad auf. Ihr feines Anzuchtsubstrat ist von einem feinmaschigen Netz umgeben, durch das die Wurzeln der Pflanzen hindurchwachsen können. Torfquelltöpfe bieten sich vor allem bei der Anzucht großer Pflanzen wie Tomaten, Gurken, Zucchini u.a. an; etwa Schnittlauch darauf auszusäen ist wegen der kleinen Fläche nicht sehr ergiebig. Die Töpfe werden später mit dem Netz direkt in die Erde verpflanzt. Die Frage bleibt allerdings offen, ob Pflanzen mit starkem Wurzelsystem und stärkerem Wurzeldurchmesser nicht doch durch das feinmaschige Netz beengt werden.

Es gibt auch Topfhülsen in verschiedenen Größen, die man selbst mit Substrat füllt. Die Topfwände aus Torf sind porös und können von den Wurzeln durchwachsen werden; die Pflanze wird mit Torfhülle später ausgepflanzt; langsam zersetzen sich die Torfwände im Gartenboden. Minitreibhäuser und diese Torfhülsen oder Torfquelltöpfe sind von der Größe her aufeinander abgestimmt, so daß z. B. 44 Töpfe unter einer Gewächshaube Platz finden.

Natürlich kann man auch direkt in kleine Tontöpfe von 8 cm Durchmesser aussäen. Man erspart sich dann das erste Pikieren, braucht aber schon anfangs relativ viel Platz.

Das Versetzen der jungen Pflanzen muß immer sehr vorsichtig geschehen, um nicht Wurzeln, Stengel und Blätter mehr zu schädigen, als dies ohnehin auch beim sorgfältigsten Verpflanzen passieren wird. Am besten, weil am gefühlvollsten, verpflanzt man junge Setzlinge mit den Händen. Man greift vorsichtig unter die Pflanzenwurzeln im gelockerten Anzuchtsubstrat und hebt den Grünling mit der am Wurzelsystem haftenden Erde aus und setzt ihn um. In das Pflanzloch am neuen Standort wird zuvor feine, reife Komposterde eingestreut.

Die Anzucht aus Samen ist eine geschlechtliche Fortpflanzung, bei der die Eigenschaften der Elternpflanzen kombiniert und auf die folgenden Generationen verteilt werden. Viele Pflanzen, Bäume und Sträucher etwa, können durch Ableger, Senkreiser oder Stecklinge auch ungeschlechtlich vermehrt werden; hier weist das neue Gewächs die Eigenschaften der Mutterpflanze auf. Zur Stecklingsvermehrung schneidet man über das Jahr gewachsene Pflanzenteile oder die Spitzen junger Triebe im Herbst oder Frühjahr direkt über einem Knoten der Zweigachse, hobelt am unteren Ende mit dem Messer einen kleinen Längsspan ab und setzt die Stecklinge zur Bildung von Wurzeln in ein leichtes Gemisch aus Erde und Sand. Bei Ablegern, wie sie zum Beispiel Erdbeeren bilden, wird die Verbindung zur Mutterpflanze durchtrennt und der Ableger an einen neuen Standort verpflanzt. Bei Senkreisern wird ein langer, nach unten gebogener Zweig auf der Erde befestigt und von der Mutterpflanze getrennt, wenn er Wurzeln gebildet hat.

Beim Verpflanzen von Bäumen gräbt man ein Pflanzloch, das mindestens doppelt so groß ist wie der Durchmesser des Wurzelballens. Beim Ausheben werden Untergrund und Muttererde sauber getrennt gehalten und zu zwei Haufen aufgeschüttet. Auf der Schicht aus reifem Kompost oder

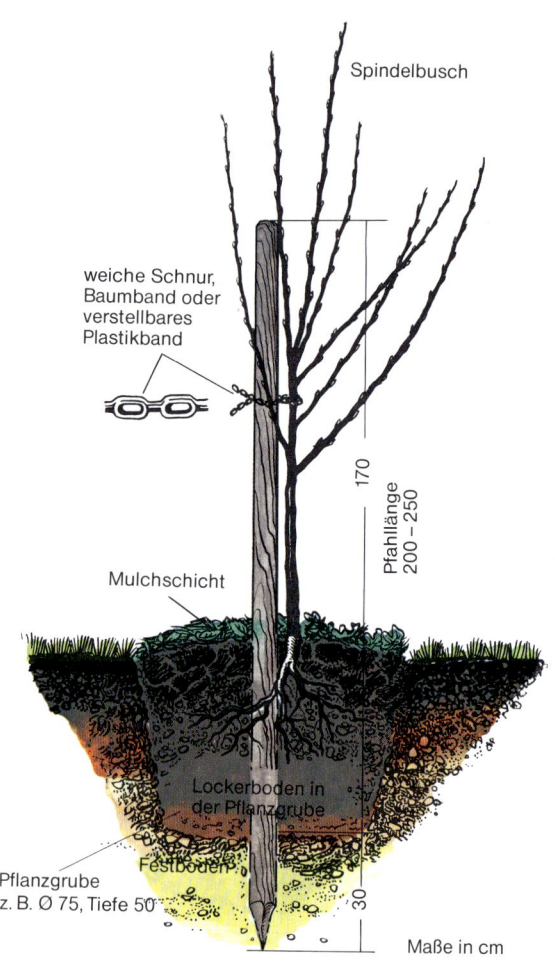

Ein Baum wird gepflanzt –
in die Pflanzgrube kommt reife Komposterde.
Der Stützpfahl gibt dem Bäumchen Halt. Das über das Loch gelegte
Brett zeigt, ob der Baum in der richtigen Tiefe steht

zersetztem Stallmist, den man in die Pflanzengrube gibt, werden die Baumwurzeln vorsichtig ausgebreitet und zwischen ihnen ein stabiler Stützpfosten für den Baum eingeschlagen. Mit einem Stück Holz, das man über die Pflanzgrube legt, kann überprüft werden, ob der Baum tief genug steht und seine Wurzeln wirklich vollständig unter der Bodenoberfläche liegen. Die Pflanzgrube wird mit dem ausgehobenen Oberboden verfüllt und vorsichtig angedrückt. Nach dem Gießen der Pflanzstelle kann man eine starke Mulchschicht um den Stamm herum auslegen. Schließlich wird der Baum mit Bast oder einem anderen, weichen Band an den Stützpfahl gebunden. Je älter und größer der Baum ist, um so problematischer wird das Verpflanzen und Anwachsen am neuen Standort.

Kulturen unter Glas und Folie

Gewächshäuser, Frühbeete und Folientunnel ermöglichen dem Kleingärtner die frühe Anzucht von Jungpflanzen und sorgen in unseren Breiten für Temperaturen, die den Ansprüchen wärmeliebender Pflanzen gerecht werden.

Man unterscheidet nach ihrer Nutzungsart allgemein ›warme‹ Gewächshäuser mit ganzjährigen Temperaturen von etwa 20 bis 25°C, ›temperierte‹ Gewächshäuser mit mehr als 10°C und ›Kalthäuser‹, die – entgegen ihrem Namen – frostfrei gehalten und deshalb ebenfalls, wenn auch nur wenig, im Winter geheizt werden müssen. Beheizte Gewächshäuser aber sind im Kleingarten die Ausnahme; es wurde schon angeführt, daß manche Gartenordnungen und fachliche Weisungen die Einrichtung beheizter Häuser nicht vorsehen. Außerdem wird der Kleingarten im Winter nicht genutzt, so daß dort Ganzjahreskulturen im Glashaus nicht in Frage kommen. Hier beschränkt man sich auf die Nutzung des ungeheizten ›Sommerhauses‹.

Das Treibhaus gehört an einen sonnigen Platz, nicht etwa an einen Standort im Schatten von Bäumen, Hecken oder der Laube. Oft ist ein Grenzabstand von mindestens 2 m zur

Im Wärmeschutz des Treibhauses – Gurkenpflanzen im Spätherbst

nächsten Parzelle gefordert. Aus der Palette der Bauformen ist das Satteldachhaus für den Kleingarten geeignet; Pultdach- oder Anlehngewächshäuser, die oft als Wintergärten eingerichtet werden, finden auf der Parzelle weniger Verwendung. Sie könnten im Kleingarten lediglich an die für diesen Zweck meist zu niedrigen Laubenwände angesetzt werden.

Bei der Anschaffung des Gewächshäuschens sollte sich der Kleingärtner im Fachhandel oder durch Fachliteratur über die möglichen Baustoffe informieren. Glashäuser können mit dem völlig durchsichtigen ›Blankglas‹, unserem Fensterglas, dem nur durchscheinenden, aber nicht durchsichtigen ›Klarglas‹ mit einer ›genörpelten‹ Seite oder sogar mit Isolier- bzw. Doppelverglasung konzipiert werden. Als Material für die Stützkonstruktion sind reine Eisenverbindungen wegen der hohen Rostanfälligkeit weniger zu empfehlen; zumindest sind feuerverzinkte, eher rostbeständige Materialien erstrebenswert. Heute oft üblich und wegen des geringen Gewichts und der Rostfreiheit sehr geeignet sind Aluminiumstreben als tragende Elemente.

Gewächshäuser können auch mit Folien geplant werden, die meist aus Polyäthylen (PE) oder Polyvinylchlorid (PVC) bestehen. Bei Kauf oder Selbstbau kommen Folienhäuser dem Kleingärtner zunächst weit billiger als Häuschen aus Glas; allerdings sind solche Folien nicht absolut reißfest und können von einem kräftigen Sturm zerfetzt werden. In das Material eingegossene Maschengewebe aus Kunststoff oder Metall erhöhen zwar die Reißfestigkeit, beeinträchtigen aber auch die Lichtdurchlässigkeit. Wenn auch der ultraviolette Anteil des Sonnenlichts den Folien zusetzt, so kann man im Durchschnitt von einer etwa 5jährigen Haltbarkeit ausgehen. Treibhäuschen aus Folien werden mit Stützkonstruktionen aus Holz gebaut; weiche Bauhölzer wie Fichte und Kiefer sind gegen Pilzinfektionen im feuchtwarmen Klima des Gewächshauses äußerst anfällig und müssen daher oft, mindestens jährlich, dagegen imprägniert werden. Widerstandsfähigere Edelhölzer wie Pitchpine oder Zeder sind zwar weitaus teurer, aber nicht so pflegeintensiv.

Frühe Pflanzenanzucht im Gewächshaus

Auch im nicht mit Kohle, Gas oder elektrisch beheizten Gewächshaus kann man im zeitigen Frühjahr oder späten Herbst die im Freiland großen Temperaturschwankungen zwischen den schon oder noch sonnengewärmten Tagen und den kalten Nächten mildern. Die einfachste Möglichkeit dazu sind mit Wasser gefüllte Flaschen, die im Häuschen aufgestellt werden und nachts die tagsüber gespeicherte Wärme wieder abgeben. Diese Energiespeicherung wird natürlich um so wirkungsvoller, je mehr Flaschen installiert werden. Noch besser sind selbstverständlich große Plastiktanks, die andererseits aber Platz wegnehmen. Bei frostigen Temperaturen bringt eine mit Luftpolstern versehene, des Nachts über das Gewächshaus gelegte Folie eine zusätzliche Wärmeisolation. Sie kostet aber Licht und muß an wärmeren Tagen gleich wieder abgenommen werden.

Im Sommer für Kühlung zu sorgen ist fast schwieriger, als das Gewächshaus im Frühjahr oder Herbst zu erwärmen. Denn an seinem sonnigen Platz erreicht es im Hochsommer Temperaturspitzen, die selbst Wärmepflanzen, wie Auberginen oder Gurken, nicht vertragen. Eine Voraussetzung für ausreichende Kühlung sind die Lüftungsklappen, die ein Gewächshaus unbedingt aufweisen muß. Bei mehreren geöffneten Klappen entsteht ein leichter Durchzug, der die Innenluft umwälzt und abkühlt. Das Gewächshaus stellt an den Einsatz und die Rührigkeit des Kleingärtners hohe Ansprüche; das zeigt sich vor allem an einem heißen Sommertag nach einer längeren Schlechtwetterperiode: Wer nicht automatische Fensteröffner installiert hat, muß schon am frühen Morgen, vielleicht auf dem Weg zur Arbeit, seine Parzelle aufsuchen und im Gewächshaus von Hand für Lüftung und Beschattung sorgen.

Für die Abkühlung reicht in heißen Sommern Lüftung allein meist nicht aus. Zusätzlich muß das Gewächshaus durch Beschattung vor den Sonnenstrahlen geschützt werden. Am wirksamsten ist hierbei eine Außenbeschattung, hält sie doch die Wärme schon außerhalb des Kulturraumes ab. So sind z. B. Außenrollos – billig und praktisch aus Bambus – Innenjalousien vorzuziehen. Sie müssen allerdings imprägniert und sturmfest auf dem First befestigt werden, um schlechtem Wetter standzuhalten. Die Rollos können über ihre Leine bequem aus- und eingerollt werden. Schattiert werden kann auch, besonders an Glashäusern, mit Kalkanstrichen oder mit spezieller Schattierfarbe aus dem Fachhandel. Der Anstrich muß jedoch später, wenn das Wetter wieder kühler und regnerisch wird, unter erheblichem Arbeitseinsatz abgewaschen werden. Außerdem kostet er an trüben, feuchten Tagen, die es in jedem Sommer gibt, erheblich Licht. Als Faustregel darf gelten, daß die Lichtintensität für Kulturpflanzen im Stadium von Anzucht, Blüte und Fruchtbildung 3000 Lux nicht unterschreiten sollte. Preiswerte ›Luxmeter‹ aus dem Fachhandel geben Aufschluß über die Lichtstärke.

Das Gewächshaus im Sommer – Kalkanstriche oder Bambusrollos schützen vor Hitze

Kalkanstrich

Pflanzen im Treibhaus benötigen zum Gedeihen auch eine ausreichende Luftfeuchtigkeit. Die erreicht man, indem Gang und Boden im Gewächshaus befeuchtet und offene Gefäße aufgestellt werden, aus denen Wasser verdunstet. Im Durchschnitt sollte die relative Luftfeuchte in Prozent etwa doppelt bis dreifach so hoch sein wie die Gewächshaustemperatur. Bei wolkenlosem Himmel rechnet man noch 7–9 °C, bei weniger intensiver Besonnung 3–5 °C zur Temperatur dazu. Damit ergibt sich z. B. bei 25 °C an einem sonnigen Tag eine erstrebenswerte relative Luftfeuchte (RL) zwischen 66 und 99 Prozent, nämlich nach der Formel: RL in Prozent = (2 bis 3) mal (25 Grad + 8 Grad). Natürlich trägt auch das regelmäßige Gießen der Pflanzen zur Luftfeuchtigkeit bei; am besten geschieht dies mit der Gießkan-

Bambusrollos

ne und an die Gewächshaustemperatur angeglichenem Wasser.

Bei der Gewächshauskultur können tierische Schädlinge, aber auch Verpilzungen ein großes Problem werden. Im feuchten und warmen Klima finden einige Arten, erst einmal eingeschleppt, beste Bedingungen für Ernährung und Fortpflanzung vor. Es fehlt die große Anzahl der natürlichen Feinde, die im Freiland die Schädlingszahl dezimieren hilft. Außerdem nutzt man den kargen Raum im kleinen Gewächshaus fast ausschließlich für die Kultur der äußerst wärmebedürftigen Pflanzen, so daß – anders als im Freiland – ausgeklügelte Mischkulturen hier nicht die Regel sind. Damit entfällt für die Treibhauspflanzen dieser wirkungsvolle Schädlingsschutz aus der Palette biologischer Bekämpfungsmaßnahmen. Der Kleingärtner mag beim Auftreten von Schädlingen auf jene Maßnahmen zurückgreifen, die unter ›Pflanzenschädlinge und Pflanzenschutz‹ erläutert werden.

Kräftige, gut entwickelte Pflanzen, die ohne Nährstoff- und Lichtmangel aufgezogen wurden, sind bereits eine gute Vorbeugung gegen Schädlinge; schwache und vergeilte Grünlinge fallen ihnen leichter anheim. Ein wichtiger Übertragungsfaktor ist das Substrat, in dem die Pflanzen im Gewächshaus gepflegt werden: Mit unreiner, infizierter Gartenerde wird oft die Grundlage für das massenweise Auftreten von Schädlingen geschaffen. Es bietet sich an, auch im Gewächshaus mit eigener reifer Komposterde zu arbeiten; allerdings sollte die zuvor weitgehend keimfrei gemacht worden sein. Das erreicht man, indem die Erde etwa 1 Stunde auf konstant 83°C erhitzt wird. Wem das zu aufwendig ist, der mag auf gedämpfte, keimfreie Gartenerde aus dem Handel zurückgreifen. Eine vorbeugende Absicherung gegen Schädlingsmassen besteht auch darin, die Erde im Glashaus jährlich auszuwechseln.

Der Kleingärtner kann Erde entweder auf dem Boden des Sommerhauses ausbringen oder aber die Pflanzen in Töpfen und Kübeln ziehen. Was für ihn vorteilhafter ist, sollte der Gärtner in Abhängigkeit von Bepflanzungsart und Pflanzenmenge selbst entscheiden. Die Topfkultur hat bei nicht zu großen Pflanzen wie etwa Tomaten den Vorteil, daß die Pflanzen in einem unerwartet heißen Sommer rasch und ohne Aufwand ins Freiland gesetzt werden können und sich damit eventuelle Lüftungs- und Kühlungsprobleme erledigen.

Bei der Beschreibung der Pflanzen für Nutz- und Ziergartenflächen in den folgenden Kapiteln wird jeweils darauf hingewiesen, wenn die Vorzucht oder Hauptkultur dieser Grünlinge im Gewächshaus oder Frühbeet von Vorteil ist. Man muß aber bedenken, daß im Sommerhaus nur die Kultur von einjährigen wärmeliebenden Pflanzen möglich ist. Jene Pflanzen, die mancher mit dem Stichwort ›Gewächshaus‹ in Verbindung bringen mag, etwa Zitrusbäume oder Bananen, manche Orchideen oder Bromelien, sind nur im winterbeheizten und mit künstlichen Beleuchtungsquellen ausgestatteten Gewächshaus zu pflegen, das die meisten Gartenordnungen nicht vorsehen. Wer in seinem Kleingarten trotzdem ein solches Gewächshaus einrichten darf, sollte sich darüber in der Spezialliteratur genau informieren.

Eine andere Methode für die frühzeitige Saat und Anzucht junger Pflanzen stellen Frühbeete und Folientunnel dar. Folientunnel werden oft in einer Standardbreite von 130 cm durch ein Baukastensystem in beliebiger Länge angeboten. Sie werden im Frühjahr über das gesamte Beet gestellt. Die Anzucht von Pflanzen für den zeitigen Anbau im Freiland läßt sich im Tunnelklima um etwa zwei bis vier Wochen verfrühen. Folientunnel sind verhältnismäßig leicht und lassen sich schnell auf- und umbauen. Sie sind also mobil und können im fortschreitenden Frühjahr für die Aufzucht verschiedener Pflanzengruppen genutzt werden. Zum Beispiel kann der Kleingärtner im März Rettiche und Radieschen säen oder Kohlrabi und Salat auf der Beetfläche unter dem Tunnel pflanzen, den Folienbau bis zum Mai dort belassen und dann auf ein anderes Beet umsetzen, um dort unter dem Schutz der Folie etwa Buschbohnen zu säen. Folientunnel, aber auch einfach über das Frühjahrsbeet gelegte Loch- bzw. Schlitzfolien oder Vliese schützen die Pflanzen vor leichtem Frost und erhalten eine hohe Luftfeuchtigkeit über dem Beet.

Schutz vor Kälte bieten auch Frühbeetkästen, die im Handel mit Aluminium- oder Plastikrahmen und Scheiben aus Glas oder Kunststoff erhältlich sind. Meist mit einer Grundfläche von rund 1,5 qm konzipiert, sind sie recht leicht und können jederzeit von Beet zu Beet umgesetzt werden. Die Kästen sollen nicht zu niedrig sein, um auch schon größere Pflanzen ohne Platznot im Kasten pflegen zu können; bei der üblichen Bauform mit schräg gelagertem Dachfenster ist eine Mindesthöhe von 25 cm an der niedrigen Längsseite zweckmäßig. Aufstellstreben für das Fenster müssen vorhanden sein, damit gelüftet und gekühlt werden kann.

Frühbeetkästen können auch leicht selbst gebaut werden; wer über Holzbretter und alte Wohnungsfenster verfügt, kann sich für seine Bauplanung an unserer Zeichnung des ›warmen Frühbeets‹ orientieren.

Wie beim ›kalten‹, so wird auch beim ›warmen‹ Frühbeet ein ›Glaskasten‹ gekauft oder gebaut, der an einen warmen, sonnigen, windgeschützten Platz gestellt wird. Während aber bei kalten Frühbeeten, Folientunneln oder Vliesen lediglich die Sonnenstrahlung für die Erwärmung des Innenraums genutzt wird, hat das Warmbeet seine eigene, organische Heizung: Unter die etwa 15 – 20 cm starke Oberflächenschicht aus reifer, feiner Komposterde wird eine dicke Schicht aus Pferdemist gepackt. Bei der Verrottung des Mists entsteht – wie bei der Kompostierung – Wärme, die den Raum im Kasten leicht aufheizt und die Pflanzen gegen die Wetterunbilden im zeitigen Frühjahr schützt. Wem frischer Mist nicht zur Verfügung steht, der sollte den Erwärmungsversuch mit einer Strohpackung machen: Das Stroh wird zerkleinert, angefeuchtet und mit Blut-, Horn- und feinem Steinmehl vermischt und eingebracht. Ein funktionierendes warmes Frühbeet kann die Aussaat- und Pflanztermine gegenüber dem Freiland um rund vier bis sechs Wochen verfrühen.

Weit aufwendiger und im Kleingarten oft weder praktiziert noch erlaubt ist das Schütten von kastenförmigen Fundamenten aus Beton, die vertieft im Gartenboden liegen und die Wärme des Frühbeets gut gegen das kühle Freiland abschirmen. Im Vergleich zu den preiswerten einfachen Frühbeetkästen rechtfertigt hier der Nutzen oft nicht die hohen Baukosten.

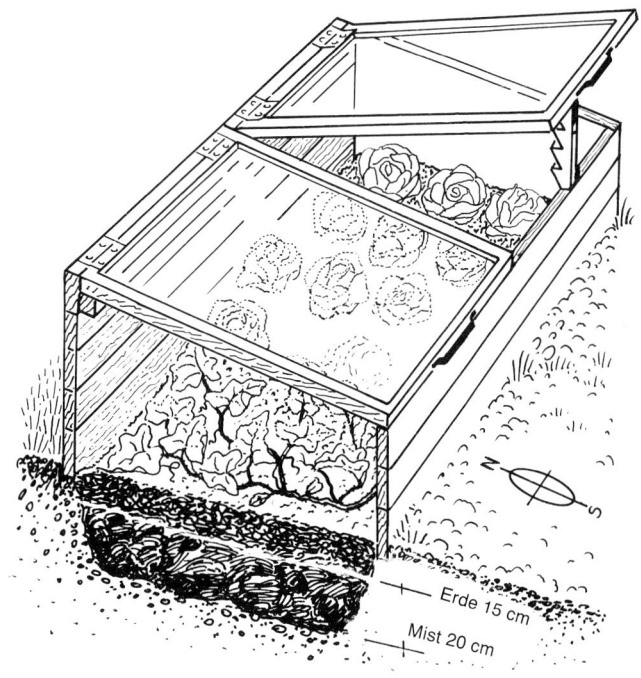

Ein warmes Frühbeet –
natürliche Heizung durch die Verrottung von Stallmist

Der Nutzgarten

Wir stellen nun bewährte Gemüse-, Kräuter- und Obstarten vor. Auf die Erzählung von Histörchen und Sagen, die sich um manche der uralten Kulturpflanzen ranken, wollen wir jedoch verzichten.

Ebenso können wir hier nicht mit Anspruch auf Vollständigkeit auf die verschiedenen Sorten der vielen Arten Bezug nehmen; beim Saatguthändler oder bei der nächsten Baumschule kann man sich über Merkmale und Ansprüche der einzelnen Sorten informieren.

Gemüsearten

›R‹ steht für ›Reihe‹; die Angaben der Reihen je Beet beziehen sich auf die Standardbeetbreite von 120 cm. ›K‹ gibt die ›Kulturzeit in Wochen‹ der Pflanzenarten an. – Alle Angaben verstehen sich als Durchschnittswerte, die je nach örtlichen Gegebenheiten und Wetterbedingungen variieren können.

Auberginen
(Nachtschattengewächse, *Solanaceae*)
Pflanzenabstand 60×60 cm. Aussaat unter Glas bei mindestens 20° C ab Mitte Februar; Auspflanzung ins Gewächshaus bei einer

Wuchshöhe von 30 cm. Beim Kulturversuch im Freiland nicht vor Ende Mai auspflanzen. K 20 – 24.

Auberginen brauchen noch mehr Wärme als Tomaten und sind empfindlich gegen Temperaturschwankungen. Die für die Gewächshauskultur geeignete Pflanze benötigt nährstoffreichen Boden und trockeneres Klima mit geringerer Luftfeuchtigkeit. In der Unter-Glas-Kultur müssen die dunkelvioletten Blüten bisweilen leicht geschüttelt oder es muß für Luftturbulenz gesorgt werden, um die Befruchtung der Blüten mittels Pollenübertragung zu gewährleisten. Ausbrechen der Seitentriebe bis auf 3 – 4.

Bohnen
(Schmetterlingsblütler, *Fabaceae*)
Buschbohnen in 2 – 3 R ab Mitte Mai bis Ende Juli ins Freiland aussäen; alle 8 cm ein Korn 3 cm tief. *Pferdebohnen (=* ›*Dicke Bohnen*‹*)* ab Anfang März in 3 R alle 20 cm 2 Samen 5 cm tief. *Stangenbohnen* in 2 R, alle 80 cm 6 Samenkörner in 2 cm Tiefe im Halbkreis auslegen. Unter Glas Vorziehen auch von *Buschbohnen* schon ab Ende März. *Buschbohnen* K 10, *Pferde-* K 15 und *Stangenbohnen* K 18.

Buschbohnen sind wärmebedürftig und daher während der gesamten Kulturzeit für die Pflege im Gewächshaus geeignet. *Pferdebohnen* sind kältefester, sie vertragen windige Standorte. Gedeihen auch auf schweren Kalkböden. Die wärmeliebenden *Stangenbohnen* brauchen einen sonnigen Platz. Die 250 cm und höher wachsenden Pflanzen benötigen Kletterhölzer (›Bohnenstangen‹). An der Nordseite des Nutzgartens plazieren, um Schattenwurf auf andere Pflanzen zu vermeiden.

Endivien

(Korbblütler, *Compositae*)

Kultur in 4 R, Pflanzenabstand 20 cm. K 10–12. Aussaat von ›*Sommerendivien*‹ von Mai bis Juni, ›*Winterendivien*‹ ab Anfang Juli. Keimdauer bei 10–20° C etwa 2 bis 3 Wochen. Nach gut einem Monat Pflanzen pikieren.

Endivien bevorzugen gut gedüngte Böden; besonders die jungen Pflanzen sollten häufig gegossen werden. Oft werden die sich entfaltenden Pflanzen zum Bleichen aufgehängt. Winterendivien können eingeschlagen bis etwa November auf dem Land verbleiben. Um dem Verfaulen vorzubeugen, ist die frostfreie Lagerung im Keller der Stadtwohnung besser. Der wegen seines Inhaltsstoffes ›Intybin‹ bitter schmeckende Salat wird meist roh gegessen. Intybin regt die Magentätigkeit an; Endivien weisen relativ viel Vitamin B_2 auf.

Erbsen

(Schmetterlingsblütler, *Fabaceae*)

Aussaat in 2 R, alle 3–4 cm ein Samenkorn in die bis zu 5 cm tiefe Erdrille. *Schalerbsen* ab Mitte März bis Juli, *Markerbsen* ab Mitte, *Zuckererbsen* ab Ende April aussäen. Sehr unterschiedliche Vegetationszeit, etwa K 10.

Schalerbsen (Palerbsen), Mark- und *Zuckererbsen* gedeihen am erfolgreichsten auf eher leichten, warmen Kalkböden. Bei Überdüngung mit Stickstoff bilden sie eine überdurchschnittlich lange Sproßachse, fruchten aber nicht. Reisererbsen sollten mit dünnen, bis zu 150 cm langen Laubzweigen gestützt werden oder mit Stützgeflechten aus dem Handel; letztere werden in den Reihen zwischen zwei Pflöcken an den Beetenden aufgezogen. Buscherbsen brauchen keine Stützvorrichtungen. Der

Handel bietet Saatgut einer Vielfalt von frühen bis späten Sorten an.

Fenchel
(Doldengewächse, *Umbelliferae*)
Dichte Aussaat in flache Rillen in 3 – 4 R im Freiland etwa Ende Juni, spätestens in den ersten Julitagen. Unter Glas Aussaat neuerer, kälteunempfindlicherer Sorten schon ab April. Bei 15 – 20° C Keimdauer etwa 10 – 14 Tage. Nach dem Aufgehen Pflanzen auf 25 cm vereinzeln. K 14.

Fenchelkultur auf gut gelockertem, nährstoffreichem Boden; nicht geeignet in der direkten Folge auf Starkzehrer. Um die Stengelknollen weiß zu erhalten, muß die Erde angehäufelt werden. Fenchel ist wärmebedürftig; ein sonniger, warmer Herbst erhöht den Freilandertrag erheblich. Wegen der Temperaturansprüche ist die Pflege unter Glas empfehlenswert. Der süßliche, anisähnliche Geschmack ist durch die ätherischen Öle – vorrangig Anethol, aber auch Fenchon – bedingt. Die Früchte werden auch für Hustenmedizin verwendet.

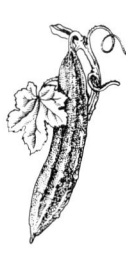

Gurken
(Kürbisgewächse, *Cucurbitaceae*)
Aussat in 1 R im Freiland Mitte Mai, unter Glas schon ab April. Alle 15 cm ein Samenkorn nur dünn mit reifem Kompost bedecken. Keimdauer bei Temperaturen nicht unter 22° C bis zu einer Woche. Nach der Ausbildung der ersten drei Laubblätter auf Pflanzenabstand von 40 – 50 cm vereinzeln bzw. in das schon warme Freiland umsetzen. Nach der Entwicklung von mindestens 5 Blättern Ausbrechen der Triebspitze für die bessere Entwicklung der fruchttragenden Seitentriebe. K 12 – 14.

Starkzehrende, wärmeliebende Pflanze. Bodentemperatur darf nicht unter etwa 10° C fallen. In einem kühlen Frühjahr Freilandaussaat und -kultur problematisch; Vorziehen und Pflege unter Glas allemal erfolgversprechender. Braucht viel Feuchtigkeit; Gießen mit umgebungswarmem Wasser. Wünscht humosen, sehr nährstoffreichen Boden.

Karotten, Möhren, gelbe Rüben
(Doldengewächse, *Umbelliferae*)
Freilandaussaat von frühen Sorten in 6 R ab März, der mittleren ab Anfang April und der späten in 4 R im Juni und Juli. Dichtes Säen in flachen, höchstens 3 cm tiefen Rillen; später auslichten auf 4 cm Pflanzenabstand. Längere Keimdauer; Markierungssaaten mit Spinat, Radies oder Kresse nützlich. K 18.

Möhren- und Zwiebelernte

Kohlrabi ›Weißer Delikateß‹

Viele frühe, mittlere und späte Sorten mit kurzen, halblangen und langen Wurzeln. Gedeiht auf eher leichten, sandigen Böden ausreichend. ›Klassisches‹ Beispiel für die Vorteile von Mischkulturen: In der Kombination mit Zwiebeln gegenseitiger Schutz vor Möhren- und Zwiebelfliege. Auch zwischen die Reihen gesetzte Petersiliepflanzen wirken sich günstig aus.

Kartoffeln
(Nachtschattengewächse, *Solanaceae*)
Auslegen von ›Setzkartoffeln‹ in 2 R, bei mehr als 120 cm breiten (Standardbeetbreite) Anbauflächen Abstand von etwa 50 cm zwischen den Reihen. Auslegen von Setzkartoffeln der frühen Sorten ab Anfang April alle 40 cm in der Reihe, bei späten Sorten ab Anfang Mai etwa alle 60 cm; Auslegen in Furchen oder Setzlöcher, in die zuvor reife Komposterde gegeben wurde. Später Jungpflanzen mindestens zweimal anhäufeln. Ernteverfrühung möglich durch Vorkeimen im hellen Raum; auch Vorkeimen im Frühbeet etwa vier Wochen vor dem Freilandtermin. Ernte nach dem Welken des Pflanzenkrautes; K 16.

Viele bewährte frühe, mittlere und späte Sorten; im Kleingarten die Kultur früher Sorten empfehlenswert. Kartoffeln sind frostempfindlich. Gedeihen auf leichten bis mittelschweren Böden.

Kohlarten
(Kreuzblütler, *Cruciferae*)
Blumenkohl in 2 R; ab Februar ins Warmbeet aussäen, ab April bis Juni in 50 cm Abstand auspflanzen; K 16. *Chinakohl* ab Juli direkt ins Freiland in 3 R aussäen, später auf mindestens 30 cm Abstand verziehen; K 10. *Grünkohl* in 2

R im Mai und Juni, auf 40–50 cm Abstand versetzen; K 15. *Kohlrabi* in 3–5 R ab April ins Freiland oder schon ab Februar ins Frühbeet säen, auf 25–40 cm vereinzeln; K 10, späte Sorten auch länger. *Rosenkohl* in 3 R ab Mai aussäen, vorgezogene Jungpflanzen erst im Juni mit mindestens 40 cm Abstand auspflanzen; mindestens K 18. Aussaat früher Sorten von *Weiß-* und *Rotkohl* ab Ende Februar ins Frühbeet, ab April in 40–60 cm Abstand auspflanzen. Freilandaussaat ab März/April, Verziehen oder Versetzen im Mai und Juni. Frühe Sorten K 10–14, späte etwa K 22.

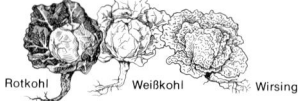

Frost verbessert den Geschmack des *Grünkohls;* deshalb erst nach den ersten Frösten ernten. Auch andere Kohlarten vertragen leichten Frost; *Blumenkohl* und *Chinakohl* sollten aber besser vor dem Frostbeginn geerntet werden. Um eine weiße Blume zu erhalten, beim *Blumenkohl* die grünen Hüllblätter über dem Kopf zusammenbinden. *Kohlrabi* gibt es in weißen und blauen Sorten; auch neuere Sorten neigen, ausgewachsen, zum Verholzen – deshalb Kohlrabi schon halbwüchsig ernten, auch junge Blätter sind eßbar. Beim *Rosenkohl* zur Erntezeit mehrmals von unten nach oben die Röschen abpflücken, damit junge nachwachsen. Bei *Rot-* und *Weißkohl* ist besonders die Kultur junger Sorten zu empfehlen; späte werden im Herbst im Handel ohnehin preisgünstig angeboten. – Die Kohlarten sind gegen viele Krankheiten anfällig; besonders die Kohlhernie macht es ratsam, Kohl nicht mehrmals auf demselben Platz anzubauen.

Kürbis

(Kürbisgewächse, *Cucurbitaceae*)

Kürbispflanzen brauchen viel Platz; mindestens je 3 qm sollte man ihnen zubilligen. Aussaat Anfang Mai direkt ins Freiland oder Vorziehen unter Glas etwa 4 Wochen früher. In einem warmen, sonnigen Herbst wachsen die Kürbisse auch noch im Oktober; Ernte aber vor den ersten Nachtfrösten notwendig. K 22.

Kürbispflanzen haben einen recht großen Nährstoffbedarf, brauchen für erfolgreiche Erträge Wärme und Wasser. Sie vertragen auch frischen Kompost, können gut an der Südseite der Kompostmiete plaziert werden; die Ranken überziehen und beschatten dann den Komposthaufen. Wachsende Früchte auf einen Lattenrost legen, um sie gegen Fäulnis zu schützen. Die dem Kürbis verwandten, noch wärmebedürftigeren Melonen können bei uns erfolgversprechend unter Glas gezogen werden.

Lauch, Porree

(Liliengewächse, *Liliaceae*)

Aussaat ins Frühbeet ab Mitte März, Auspflanzen ins Freiland in 4 R aus etwa 15 cm tiefen Furchen im Mai. Pflanzfurchen einebnen, später mehrmals anhäufeln. Vor dem Pflanzen Wurzeln etwas kürzen. – Winterporree erst im Juni ins Freiland säen, im August umpflanzen bzw. vereinzeln auf etwa 10 cm Pflanzenabstand. Winterlauch kann auf dem Beet überwintern und steht für die Frischgemüseernte den ganzen Winter über bereit. Mindestens K 20.

Gemüseporree gibt es als Sommer- und Winterlauch, der frostfest und damit ein Frischelieferant im sonst pflanzenarmen Winterhalbjahr ist. – Porree bevorzugt lehmige, humose Böden; ein zu hoher Stickstoffanteil beeinträch-

Lauch
›Elefant‹

tigt den Geschmack der Lauchstangen. Hinterläßt nach der Kultur dicht durchwurzelten, lockeren Boden.

Mangold
(Gänsefußgewächse, *Chenopodiaceae*)
Kultur von *Stielmangold* in 3 R, von *Schnittmangold* in 5 R. Aussaat ins Freiland ab April, unter Glas schon ab März. Keimdauer bei mindestens 15° C etwa 8 – 14 Tage. Auspflanzen oder Verziehen auf etwa 30 cm bei *Stielman-*

gold, etwas geringeren Abstand bei *Schnittmangold;* Pflanzen mit reichlich reifem Kompost versorgen. K 12 – 14 und länger.

Mangold ist eine starkzehrende Pflanze, sollte aber nicht mit Frischmist oder Frischkompost, sondern nur mit reifen, abgelagerten organischen Mitteln gedüngt werden. – Erntet man schrittweise immer nur die äußeren großen Blätter bzw. Stiele und läßt die Herzen unversehrt, kann man wochenlang von denselben Pflanzen zehren. Auch die Wurzeln sind eßbar; gerieben sogar als Rohkost.

Paprika
(Nachtschattengewächse, *Solanaceae*)
Pflege in 2 R, Abstand der Einzelpflanzen etwa 40 × 40 cm. Vorziehen durch Aussaat Mitte März bis Anfang April, Auspflanzen ins Freiland an einem warmen Tag nicht vor Ende Mai; ertragreicher ist die gesamte Kultur der wärmeliebenden Paprikapflanzen im Gewächshaus. Keimdauer bei mindestens 18° C etwa 1 – 2 Wochen. Ernte ab Ende Juni, in einem warmen, sonnigen Herbst bis Anfang Oktober. K 20 – 24.

Beim Gemüsepaprika sind die unreifen Schoten zunächst grün, verfärben sich bei der Reife je nach Sorte rot oder gelb. Es gibt viele Sorten, mit blockigen, kegelförmigen oder auch tomatenähnlichen Schoten. Der Boden sollte locker, humos- und nährstoffreich sein; regelmäßiges Wässern ist wichtig. – Eine Spielart der Paprika sind die kleinen, scharfen Peperoni.

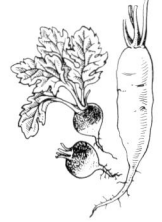

Radieschen, Rettich
(Kreuzblütler, *Cruciferae*)
Anbau in 6 R, *Winterrettich* in 5 R. *Radieschen* ab Februar in das warme Frühbeet, ab Anfang

April ins Freiland aussäen. *Mairettich* unter Glas ab März, *Sommerrettich* von April bis Juni, *Winterrettich* im Juni und Juli aussäen. Pflanzenabstand bei *Radieschen* etwa 5 cm, bei *Sommerrettich* 10, bei *Winterrettich* 15 cm. *Radieschen* K 5 – 8, *Rettiche* K 10 – 12; *schwarze Winterrettiche* können noch im November geerntet werden.

Radieschen gibt es in roten und weißen, Kugel- und Zapfenformen, *Rettiche* in Weiß, Rot und Schwarz. *Radieschen-* und *Rettichkulturen* immer ausreichend wässern; bei Trockenheit werden die Wurzeln leicht holzig. *Radieschen* eignen sich auch gut für die Bepflanzung der Beetränder.

Salat

(Korbblütler, *Compositae*)

Aussaat von *Kopfsalat* auf der Fensterbank schon ab Februar; letztes Aussäen ins Freiland im Juli. Kultur in 4 R und einer Pflanzweite von 30 cm bei späten, in 5 R und etwa 20 cm bei frühen Sorten. K 6. – *Eissalat (Krachsalat)* und *Bindesalat (Römischer Salat)* im Mai und Juni in 3 R mit 35 cm Pflanzabstand auspflanzen; K 8. *Zichorie (Zuckerhut)* von Mitte Juni bis Mitte Juli direkt ins Freiland säen; bei durchgehender Kultur unter Glas auch schon im Mai. Vereinzeln auf 30 cm in 4 R; K 16. – *Pflücksalat* (4 R) und *Schnittsalat* (5 R) im April ins Freiland säen; späterer Pflanzenabstand etwa 15 cm beim Pflücksalat mit seinen bis zu 50 cm hohen Blättern, rund 5 cm beim Schnittsalat. K 6 – 20.

Kopfsalat gibt es in zahlreichen Sorten vom frühen Mai- bis zum Wintersalat; bevorzugt hellen Standort auf humosem, immer ein wenig feuchtem Boden. *Zichorien* können geschützt im Winter im Freiland bleiben; sehr starken

Frost vertragen sie aber nicht. Beim *Pflücksalat* werden von unten nach oben die größten Blätter um den Stengel herum gepflückt; beim *Schnittsalat* wird die ganze Pflanze knapp über dem Boden geschnitten, oder es werden nur die größten Blätter gekappt. Beide Arten sind sehr ergiebig. *Eissalat* bildet große Köpfe; zusätzliche Kompostgaben zweckmäßig.

Feldsalat gehört zu den Baldriangewächsen (*Valerianaceae*). Aussaat ab Juli bis September in bis zu 8 R oder breitwürfig. Samen nur einharken und Erde mit Schaufel festklopfen. Feldsalat ist frosthart und kann im Freiland überwintern und laufend geerntet werden; K 12 und mehr. Gehört zu den gehaltvollsten Gartensalaten; höchster Anteil an Carotin und den Vitaminen B_1, B_2 und C.

Rote Bete, rote Rüben
(Gänsefußgewächse, *Chenopodiaceae*)
Empfindlich gegen Verpflanzen, auf den Sommerplatz aussäen: im Freiland im Mai und Juni;

Rote Bete
›Rote Kugel‹

bei durchgehender Kultur unter Glas auch schon früher. In 4 R später vereinzeln auf etwa 10 cm. K 18.

Rote Bete gibt es in langen Sorten und Kugelformen. Gedeiht auf schweren Böden besser als auf leichten. Am Standort keine volle Besonnung, vor allem immer für leichte Bodenfeuchtigkeit sorgen. Rote Rüben sind zweijährig; die gut entwickelte Knolle wird jedoch schon im Herbst des Saatjahres geerntet. – Die intensive Rotfärbung ist durch die Farbstoffe Betanin und Anthocyan bedingt. Von den im Garten angebauten Knollengemüsearten (Radieschen, Sellerie, Kohlrabi u. a.) weist die rote Bete den größten Anteil an Kohlenhydraten auf; der Gehalt an Oxalsäure ist ebenfalls recht hoch.

Sellerie
(Doldengewächse, *Umbelliferae*)
Knollensellerie in Februar und März bei Zimmertemperatur vorziehen; erst an warmem Tag ab Ende Mai in höchstens 3 R ins Freiland auspflanzen, Pflanzweite etwa 40 cm. – *Bleichsellerie* und *Schnittsellerie* in 4 R mit mindestens 30 cm Abstand kultivieren; ab April im Haus oder warmen Frühbeet aussäen. K 20–22.

Empfindliche, anspruchsvolle Pflanzen für warme, lockere, humose Böden. Hoher Nährstoffbedarf des *Knollensellerie,* Kaliumanteil des Kompostdüngers durch Zugaben von Holzasche erhöhen; *Schnitt-* und *Bleichsellerie* mit etwas geringerem Nährstoffanspruch. Mehrmals Pflanzerde anhäufeln. Mulchen unbedingt ratsam; besonders beim flachwurzelnden *Knollensellerie* nur vorsichtig hacken. – Frostempfindlich; spät, aber vor den ersten Frösten ernten.

Spinat

(Gänsefußgewächse, *Chenopodiaceae)*
Aussat in 6 R in 3 cm tiefe Rillen: Um dem Schoßen vorzubeugen, an kürzeren Tagen vor dem Mai (unter Folienschutz) oder nach Juni/Juli aussäen. Augustaussaat für die Herbsternte, Saat ab September für den Winterspinat mit Frühlingsernte. Überwinternden Spinat nicht im Herbst durch Ernteschnitt schwächen. Saatrillen mit reifer Komposterde bedecken und festklopfen. K 12 und länger.

Spinat – den es in zahlreichen Sorten gibt – wird von den Kindern meist ebenso gefürchtet wie von deren Müttern geschätzt: Neben anderen Nährstoffen liefert Spinat etwa soviel Vitamin C wie Zitrusfrüchte; beim Schockgefrieren der für die Tiefkühlkonservierung sehr geeigneten Spinatblätter bleiben die Inhaltsstoffe im wesentlichen erhalten. Der Eisenanteil liegt bei 3 mg%. – Bevorzugt humose, kalkreiche, nicht saure, nicht mechanisch gelockerte Böden.

Tomaten

(Nachtschattengewächse, *Solanaceae)*
Ab Mitte März Aussaat bei Zimmertemperatur; nach der Bildung der ersten Laubblätter auf 5 cm Abstand vereinzeln. Auspflanzen der kräftig entwickelten Pflanzen an einem warmen Tag frühestens ab Mitte Mai in 1, höchstens 2 R. Pflanzweite 60–80 cm, bei Buschtomaten bis zu 1 m. Beim Pikieren die Tomaten tief und schräg in die Erde setzen und ein Stückchen des grünen Stengels mit Erde bedecken, damit sich dort weitere Wurzeln bilden. K 20.

Tomaten zählen zu den beliebtesten und sehr empfehlenswerten Pflanzen des Nutzgartens; von den nur kirschgroßen Cocktailtomaten über

die kleinen Balkontomaten bis hin zu den großen Fleischtomaten sind viele Sorten der aus Südamerika stammenden Pflanze gezüchtet worden. – Tomaten gehören im Freiland an einen warmen, sonnigen, windgeschützten Platz; in einem kühlen Sommer ist die Kultur unter Glas oder Folie erfolgreicher – die Pflanzen müssen dann in der Blütezeit täglich leicht geschüttelt werden (Windbestäuber). Stützung – bei Buschtomaten nicht erforderlich – durch Bambusstäbe o. ä. In der Wachstumsphase regelmäßiges Ausgeizen der Achseltriebe. Humoser, sehr nährstoffreicher, mit reichlichen Gaben reifen Komposts gut gedüngter Boden; Standort wird zu jeder Saison von neuem aufgearbeitet und als Platz für die Tomatenkultur beibehalten. Für konstante Bodenfeuchtigkeit sorgen; bei Trockenheit regelmäßig mit abgestandenem Wasser gießen. Vor starkem Dauerregen müssen Tomaten aber gleichfalls geschützt werden. – Die Früchte sollen im Schatten der Laubblätter reifen; die im Herbst noch grünen, gepflückten Tomaten reifen im Haus schnell nach und färben sich rot.

Zucchini, Zucchetti

(Kürbisgewächse, *Cucurbitaceae*)

Auslegen von 1–3 Samen im Meterabstand Mitte Mai direkt ins Freiland, besser Vorziehen in Töpfen ab April. Bei 120 cm Standardbeetbreite nur 1 R. Zucchini können schon ab Juli als 10–20 cm lange, weißfleischige Früchte geerntet werden – das fördert den vermehrten Fruchtansatz –, oder man läßt sie bis in den Herbst hinein wachsen, erntet die dann sehr großen Früchte mit dem gelblich gewordenen und immer noch zarten Fleisch im Oktober. K 16 und länger.

Zucchinipflanzen brauchen einen sehr nährstoffreichen, reichlich mit – auch nicht vollständig reifem – Kompost gedüngten Boden an einem warmen, sonnigen, windgeschützten Platz. Wie für Kürbisse ist der Südrand einer Kompostmiete auch für sie geeignet. Reifende Früchte durch Unterlegen von Holzwolle oder Lattenrost vor Fäulnis schützen.

Zucchini ›Diamant F 1‹

Zwiebeln
(Liliengewächse, *Liliaceae*)
Für die Verwertung ab Juli/August des Pflanzjahres: Kirschgroße ›Steckzwiebeln‹ aus dem Handel im April in 6 R eng ins Freiland setzen, später auf mindestens 10 cm Abstand ausdünnen (überzählige Zwiebeln können in der Küche verwendet werden). – Für den Winterbedarf ab Februar ins Frühbeet, ab Mitte März ins Freiland Aussaat von Zwiebelsamen; für den Frühsommerbedarf Aussaat von Juni bis August – etwa 3 cm tief säen, später auslichten. K 16 und länger.

Zwiebeln bevorzugen eher leichte und trockene, warme und lockere Böden. Ein guter Schutz gegen die Zwiebelfliege ist die Mischkultur mit Karotten und Wurzeln. – Zu der sehr formenreichen Gruppe der Zwiebeln zählen auch Schalotten, Perlzwiebeln und Winterheckzwiebeln.

Küchenkräuter

Wir haben schon darauf hingewiesen, daß viele Gewürzpflanzen mit ihrem starken Duft beste Schutzpartner in Mischkulturen und als Beeteinfassungen sein können. Und natürlich sind sie auch als aromatische Gewürzkräuter besonders wertvoll, auf die man in der Küche nicht verzichten kann. – Die folgende Kräutertabelle zeigt Kulturansprüche und Verwendungsmöglichkeiten der wichtigsten Küchenkräuter. ›RA‹ steht für den ›Reihenabstand‹ in cm. Die Saat von ›Lichtkeimern‹ braucht für das Aufgehen Licht; man bedeckt die Samen nicht mit Erde, muß sie dann im Freiland aber besonders vor Vogelfraß schützen, indem man die Saatfläche mit Folien, Netzen oder auch Maschendraht abdeckt.

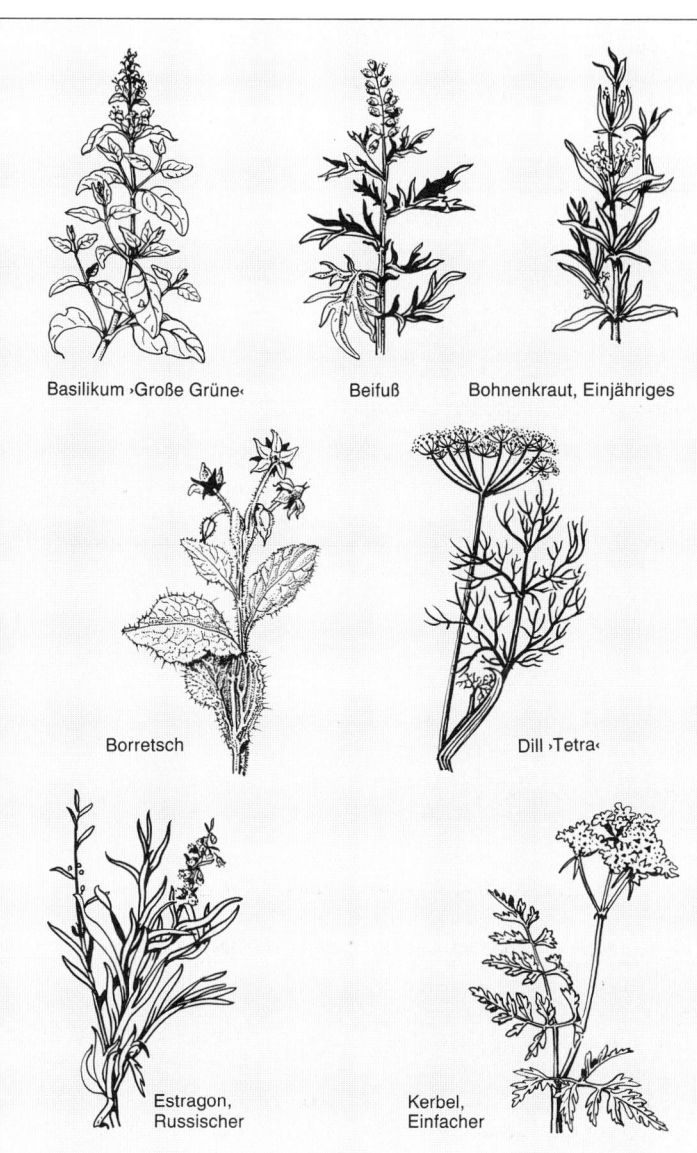

Küchenkraut	Boden und Standort
Basilikum	Humoser, sandiger Lehmboden; warm und windgeschützt.
Beifuß	Sonniger Platz auf kalkhaltigem und trockenem Boden.
Bohnenkraut	Warmer Standort auf lockerer Gartenerde.
Borretsch	Sonniger bis halbschattiger Platz auf feuchtem und eher sandigem Boden.
Dill	Schwerer, feuchter Boden, aber keine Staunässe.
Estragon	Warmer, windgeschützter Platz auf nährstoffreichem, lockerem Boden.
Kerbel	Sonniger bis halbschattiger Standort auf nie ganz trockenem Boden.
Kresse, Garten-	Nicht anspruchsvoll; eher feuchte Gartenerde.

Kulturhinweise	Verwendung
Aussaat ab März ins Frühbeet, Mitte Mai ins Freiland. RA 30 cm, in der Reihe später auf 20 cm vereinzeln	Kurz vor der Blüte geschnittene, zerkleinerte, getrocknete Blätter zu Gemüse, Fleisch, Suppen.
Ab März aussäen; auf etwa 40 × 40 cm ausdünnen. Lichtkeimer.	Getrocknete, noch vor der Blüte geschnittene Blätter zu fettem Fleisch und Geflügel sowie zur Schmalzzubereitung.
April ins Frühbeet, Mai ins Freiland säen mit RA 25 cm; später auf 15 cm in der Reihe bringen. Lichtkeimer.	Zu Bohnengemüse und Fisch, zu Einlegegurken.
April – Juni Aussaat direkt an Ort und Stelle. RA 30 cm, in der Reihe 25 cm.	Frische Blätter für Salate, Saucen, Suppen.
Ab April ins Freiland. RA etwa 30 cm, in der Reihe 25 cm.	Getrocknete und frische Blätter zu Fisch, Gemüse, Hackfleisch; Blüten für Einlegegemüse und Kräuteressig.
März ins Frühbeet, ab Ende April ins Freiland säen. Auspflanzen/Vereinzeln auf 40 × 40 cm. Lichtkeimer.	Blätter und Triebspitzen für Essiggurken und Kräutersenf, zu Heringen und Geflügel, Salaten und Saucen.
Freilandaussaat ab Ende März. RA 15 – 20 cm, in der Reihe etwa 30 cm. Lichtkeimer.	Frisches Kraut als Kerbelsuppe; zu Omelette, Geflügel und Fleisch, für Kräuterbutter und -quark.
Vom zeitigen Frühjahr bis spätem Herbst dicht ins Freiland, in Frühbeet oder Töpfe säen.	Bei etwa 5 cm Größe frische Pflänzchen ohne Wurzel als Beilage zu Fleisch u.a.

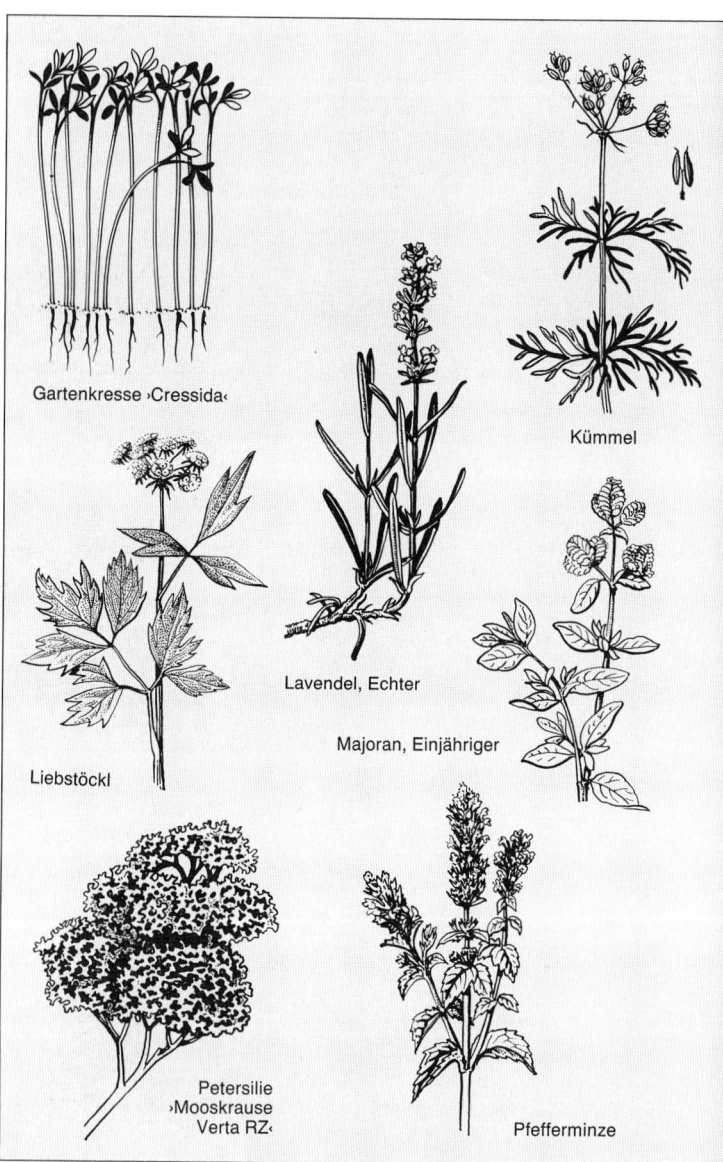

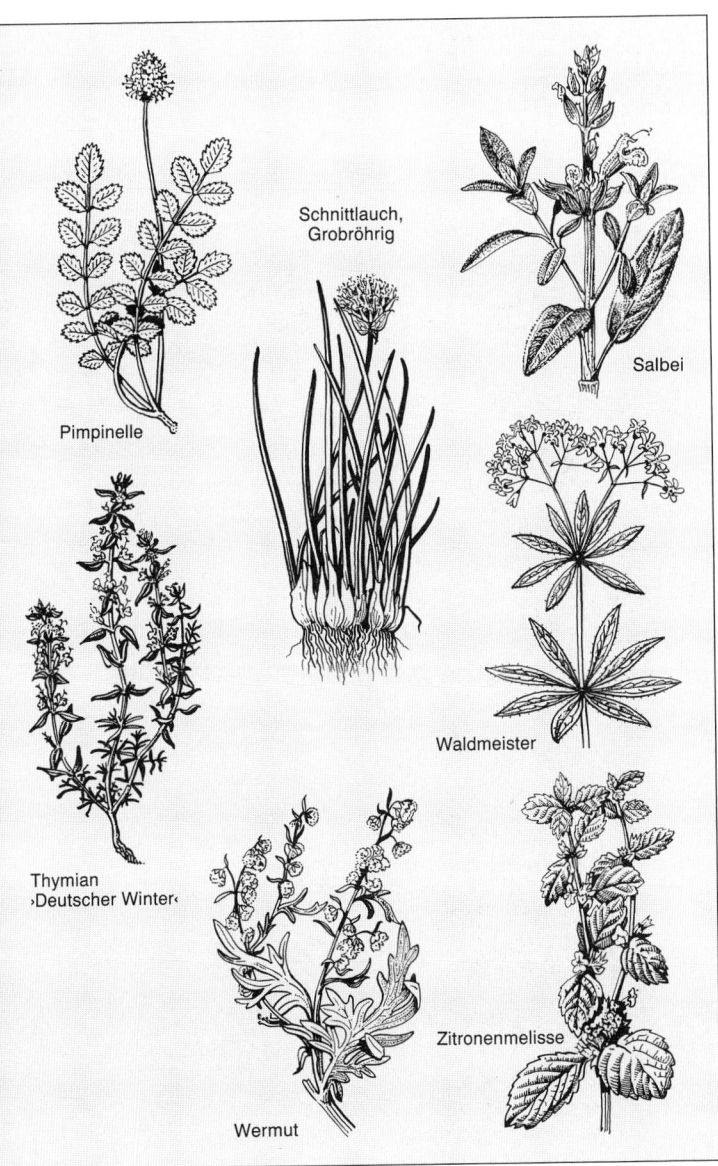

Küchenkraut	Boden und Standort
Kümmel	Höchstens halbschattiger Platz auf humoser, kalkhaltiger Erde.
Lavendel	Sonniger Standort auf leicht alkalischem, eher trockenem Boden.
Liebstöckel	Halbschatten auf lehmigem Boden.
Majoran	Warmer Standort auf eher leichtem, humosen Boden.
Petersilie, ›Mooskrause‹	Gedeiht auf fast jedem Gartenboden; keine besonderen Ansprüche.
Pfefferminze	Sonniger bis halbschattiger Platz auf nie ganz trockener Gartenerde.

Kulturhinweise	Verwendung
Freilandaussaat ab Anfang April. RA 30 cm, nach dem Aufgehen auf etwa 15 cm ausdünnen. Lichtkeimer.	Im Sommer des zweiten Jahres die dann braun werdenden Früchte ernten: zu Kohl, Sauerkraut, rote Bete und zum Brotbacken, als Kümmeltee.
Ab März/April unter Glas; bei 15 cm Größe auf 40 × 40 cm auspflanzen.	Nur kleine Mengen der getrockneten, kurz vor dem Aufbrechen der Triebknospen geschnittenen Blätter mit Wacholder zum Räuchern, für Fischsuppen und Kräuterbutter.
Freilandaussaat ab Mitte April; bei 10 cm Größe auf etwa 50 × 50 cm vereinzeln.	Frische und getrocknete Blätter, auch zerriebene Wurzeln zu Fleisch-, Gemüsegerichten, Saucen und Suppen.
Ab März ins Frühbeet, ab Mitte Mai ins Freiland. Pflanzenabstand später 20 x 20 cm. Lichtkeimer.	Beim einjährigen Majoran erste Ernte kurz vor der Blüte, weitere im September. Luftgetrocknete Blätter zu Kartoffelgerichten, Wurst, Salaten.
Aussaat ab März direkt ins Freiland; RA etwa 25 cm. Auslichten nicht erforderlich.	Gekrauste Blätter frisch. Sehr geeignet für Tiefkühlkonservierung.
Lichtkeimer. Aussaat ab Ende März; auf 30 × 30 cm vereinzeln. − Die echte Pfefferminze ›Mentha x piperita‹ kann nicht durch Samen, sondern nur vegetativ vermehrt werden.	Ernte der Blütenknospen und Blätter: Blütenknospen und getrocknete Blätter für Tee, frische Blätter für ›englische‹ Fleischgerichte.

Küchenkraut	Boden und Standort
Pimpinelle	Sonniger warmer Platz.
Salbei	Leichter, kalkhaltiger, nicht zu nasser Boden. Sonniger Standort.
Schnittlauch	An eher feuchten Stellen auf humosen, kalkigem Lehmboden.
Thymian, Deutscher	Sonniger Platz; gutes Gedeihen auch auf kargem, trockenem Boden.
Waldmeister	Im Schatten oder höchstens Halbschatten auf humosen, feuchten Böden.
Wermut	Sonniger Platz auf trockenen Heideböden oder in Steingärten.
Zitronenmelisse	Windgeschützter, sonniger Standort auf nicht zu trockenem Boden.

Kulturhinweise	Verwendung
Ab Ende April ins Freiland säen; kann auf etwa 20 × 20 cm ausgedünnt werden. Blüten ausbrechen.	Nur frisches Kraut verwenden, nicht kochen. Aroma wird in Essig oder Zitrussaft verstärkt. Marinadengewürz.
Ab Ende März Aussaat unter Glas, ab Ende April ins Freiland. Auspflanzen bzw. Vereinzeln auf 35 × 35 cm.	Ernte von Blättern und Triebspitzen kurz vor der Blüte; trocknen. Bestes Aroma erst im zweiten Jahr. Zu Aal, Fleisch, Suppen; als Tee.
Frühbeetaussaat ab Ende Februar; später gruppenweise auspflanzen zu Inseln mit 25 × 25 cm Pflanzweite.	Ab Juni fortlaufend Schnitternte des Lauchs. Als Brotbelag, zu Salaten und Gemüsegerichten.
Ab Februar Frühbeetsaat, im April ins Freiland. Je 2–3 Pflänzchen im Mai auf 20 × 20 cm bringen.	Ernte kurz vor der Blüte; Gewürz für Kartoffelspeisen und Gemüsesuppen.
Frostkeimer: Aussaat ab September bis November mit RA 30 cm. Im folgenden Frühjahr auf 30 cm in der Reihe ausdünnen.	Ernte im auf die Saat folgenden Jahr kurz vor der Blüte. Wegen des Cumaringehaltes jeweils nur in kleinen Mengen für Bowle, Pudding, Kompott, zu Obstsalat verwenden.
Aussaat ab Mitte April. Später auf etwa 80 × 80 cm vereinzeln.	Blütenernte. Kein eigentliches Küchengewürz, sondern als medizinischer, magenanregender Tee.
Ab Mitte April ins Freiland. RA 40 cm, in der Reihe 30 cm. Lichtkeimer.	Frische Blätter zu Obstsäften, für Quarkspeisen, Remouladen, Kräuterbutter. Getrocknete Blätter lassen sich zum Teeaufguß verwenden.

Obstgarten

Kaum ein Betätigungsfeld des Hobbygärtnes verlangt so umfassende Kenntnisse wie die Kultur mancher Obstarten, die Pflege von Kern-, Stein-, Beeren- und Schalenobst. Das Wissen um Veredelung und Schnitt, um Befruchtung und Selbstfruchtbarkeit ist im Gemüsegarten nicht notwendig, beim Obstbau dagegen unentbehrlich; die Bücher zu diesem Thema könnten ganze Bibliotheken füllen. − Wir möchten hier in aller Kürze auf einige wichtige Grundlagen des Obstgartenbaus eingehen; eine umfassende Darstellung findet der interessierte Leser im Band ›Der biologische Obstgarten‹ aus dieser Buchreihe (Heyne Ratgeber 08/4714).

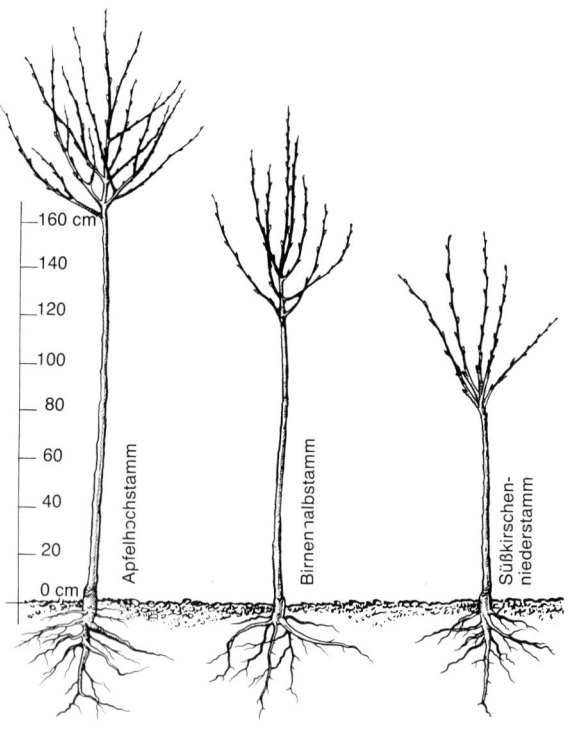

Schnittpflege Während ein wildwachsender Baum je nach Erbanlage und Umweltbedingungen sich in einer ebenmäßigen, harmonischen und seine Existenz nicht gefährdenden Form auswächst, bilden sich selbst überlassene Obstbäume – die heute als Kulturpflanzen das Produkt menschlicher Eingriffe in die Natur sind – schließlich ertragsarme, ungesunde Formen aus. Sie weisen große Astwinkel und lockere Kronen auf, die letztlich auseinanderfallen; im Inneren haben sie einen großen beschatteten Raum, in dem keine Blüten und Früchte entwickelt werden. Andererseits bilden sie mittellange Zuwächse an den Triebenden und viele Kurztriebe, die blühen und fruchten und den Baum mit zu vielen, aber nicht brauchbaren Früchten überladen.

Baumformen (Jungbäume aus der Baumschule)

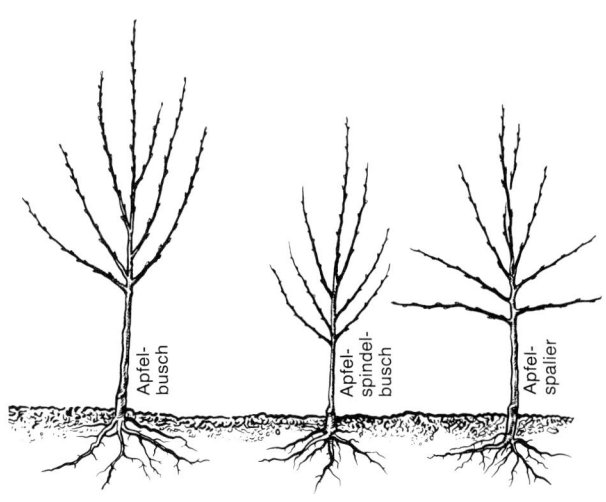

Obstbaumkronen müssen also unter Berücksichtigung des Baumalters, der Platzverhältnisse, der letzten Erträge, der Veredelungsunterlage und der Baumform geschnitten werden. Baumformen kann man nach der Stammlänge klassifizieren: Hochstämme (H) haben eine Stammlänge von mehr als 160 cm, Mittelstämme (M) 120 – 160 cm, Niederstämme (N) 80 – 120 cm, Büsche (B) 60 – 80 cm, Spindelbüsche (SB) (40 – 60 cm), und Spalierformen weisen etwa 40 cm auf. Formen ohne Kronenanschnitt und mit Seitenholz nennt man ›Heister‹. Kronenformen werden oft nicht nur unter pflanzenphysiologischen Gesichtspunkten geformt, sondern der Baum wird auch in einer zierenden, ästhetischen Form geprägt: Französische Palmetten, Kordon- und Pyramidenformen sind Beispiele dafür.

Man übertreibt nur wenig, wenn man feststellt: Es gibt fast so viele Möglichkeiten für den Kronenschnitt, wie es Obstbauern und Hobbygärtner gibt. Dies liegt auch an der Verschiedenartigkeit der Standorte, den Ansprüchen der einzelnen Obstsorten, den Erwartungen an Fruchtertrag und -güte. Es kann also keine pedantisch genauen Anweisungen für den Schnitt geben; vielmehr muß der Kleingärtner die Gesamtentwicklung der Obstbaumkrone berücksichtigen. Insgesamt kann man sich aber auf zumindest zwei allgemeingültige Schnittempfehlungen verständigen: Obstgehölze müssen ausgelichtet und durch Schnitt verjüngt werden. Bei der *Auslichtung* müssen Äste, die ins Innere oder zu dicht wachsen, vollständig entfernt werden; beim *Verjüngungsschnitt* werden kaum noch tragende, überalterte Äste beseitigt.

Der Gehölzschnitt muß immer darauf ausgerichtet sein, eine Harmonie zwischen Fruchtertrag und Bildung von Trieben herzustellen oder zu erhalten. Bei einem ›*starken Schnitt*‹ treiben fast alle belassenen Augen kräftig und steil aus; deshalb muß dann stets wieder aufs neue geformt und ausgelichtet werden. Der stark rückgeschnittene Baum bleibt letztlich kleiner, der erste Ertrag setzt später ein als beim Obstgehölz, das mit einem ›*schwachen Schnitt*‹ gepflegt wurde: Ein schwacher Rückschnitt sorgt für viele, jedoch schwächere und kürzere Triebe; der erste Ertrag wird früher möglich. In der Praxis des Kleingartens wird man einige Teile der Krone stark, andere weniger scharf schneiden. In Abhängigkeit von der Obstsorte sollte der Mitteltrieb nur wenig über die geschnittenen Leitäste hinauszeigen; eine Gleichstellung wird etwa im gewerblichen Obstbau bei steilwachsenden Birnensorten geschaffen. Läßt man den Mitteltrieb sich überhöhen, beschattet er mit seinen seitlichen Trieben die unteren Teile der Krone. Schneidet man einen Hauptast der Krone zu einseitig, treibt das höchststehende Ende am stärksten aus.

Verjüngungsschnitt

vor dem Schnitt   nach dem Schnitt

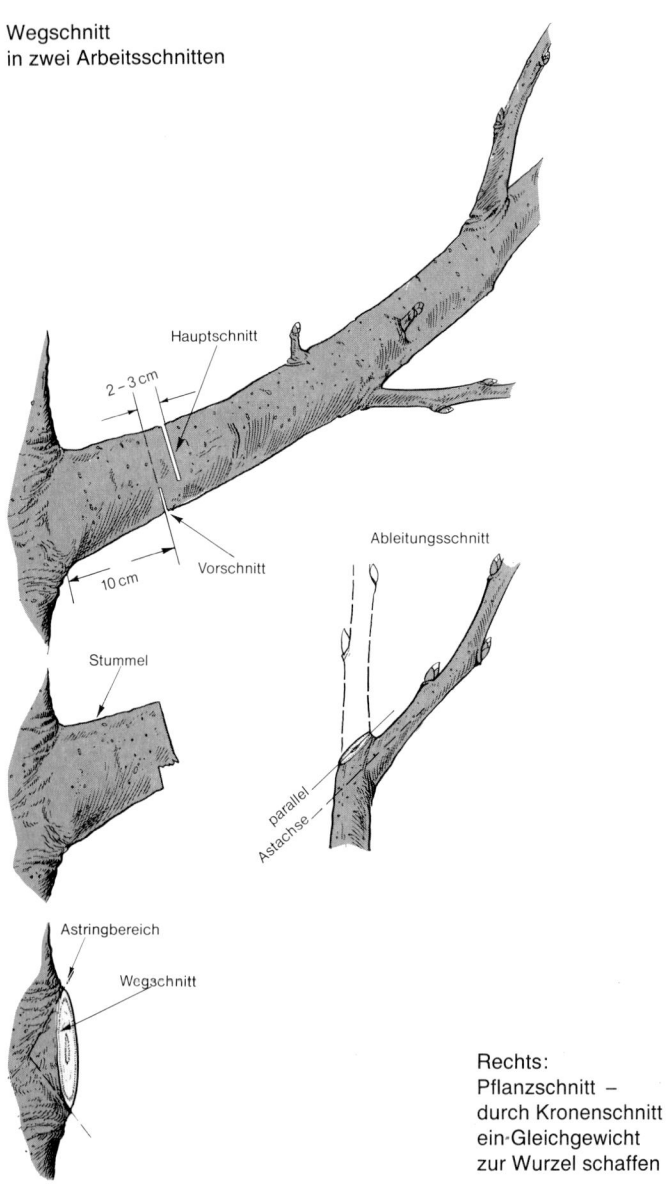

Bei der Pflanzung eines neuen Gehölzes aus der Baumschule sollte der *Pflanzschnitt* durchgeführt werden: Damit das Bäumchen gedeiht und im Frühjahr kräftig austreibt, werden die Triebe auf die Hälfte, bei schwach wachsenden Pflanzen auf ein Drittel zurückgeschnitten; im Wurzelwerk werden lediglich tote und angegriffene Teile beseitigt.

Pflanzschnitt

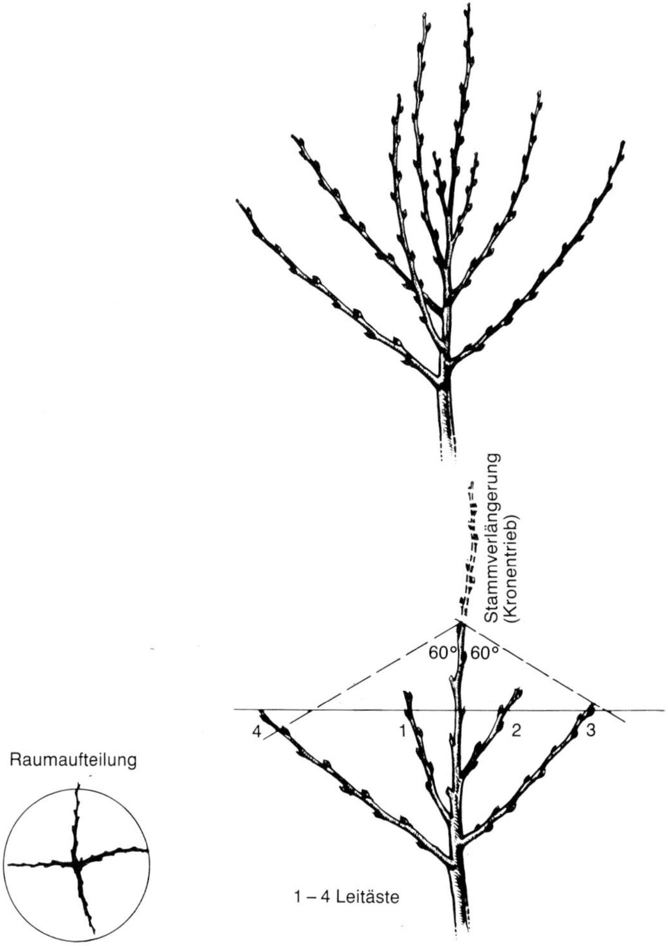

Stammverlängerung (Kronentrieb)

60° 60°

4   1   2   3

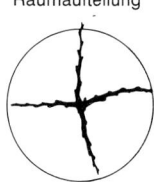

Raumaufteilung

1 – 4 Leitäste

Bei dem *Erziehungsschnitt* – dem ersten ›Formungsschnitt‹ – sollten geeignete Aufbautriebe ausgewählt, gegebenenfalls angeschnitten und überzählige Triebe entfernt werden. Der Erziehungsschnitt ist im Zusammenhang mit der gewünschten und geeigneten Kronenform zu sehen, die beim Gehölz aus der Baumschule bereits vorgesehen ist.

Man schneidet Triebe über dem Auge. Die Wunde wird vom Knoten her geschlossen; dabei heilen glatte Schnitte besser als schartige. Vollständig zu entfernende Teile schneidet man bis auf den Astring, damit die Wunde schnell überwachsen wird. Bei unseren veredelten Obstbäumen sollte auch die Art der Unterlage Einfluß auf den Schnitt haben: Bäume auf schwachwachsenden Unterlagen darf man kräftiger, Gehölze auf starkwachsenden Unterlagen sollte man weniger kräftig schneiden, um den Trieb nicht anzuregen. (Die Baumschule kann über die Art der Unterlage Auskunft geben.)

Veredeln Man veredelt, um Sorten zu vermehren oder zu erhalten: Aus Samen gezogene Obstgehölze weisen oft nicht die Merkmale der Mutterpflanze auf; deshalb werden im Winter oder Frühjahr Edelreiser auf geeignete, robuste Unterlagen gepfropft, okuliert oder kopuliert. Der Kleingärtner wird in den meisten Fällen nicht selbst veredeln, bezieht er doch die Gehölze aus dem Gartenhandel oder der Baumschule, wo sie bereits auf passende Unterlagen veredelt wurden.

Man muß deshalb in der Regel lediglich wissen, daß die gewählte Unterlage Einfluß auf das Gedeihen der Obstsorte hat: Sie kann etwa das Wachstum hemmen oder beschleunigen, den Ertragsbeginn verfrühen oder verzögern und Färbung und Reifung der Früchte beeinflussen; außerdem nutzt je nach Bodenart die eine Unterlage die Bodenverhältnisse besser aus als eine andere.

Diese Merkmale, die also Obstart, -sorte, Qualität, Menge, Beginn der Ernte und Bodenmerkmale miteinander verknüpfen, sind demnach vor dem Kauf des Obstgehölzes zu erfragen.

Pfropfen

Geißfußpfropfen

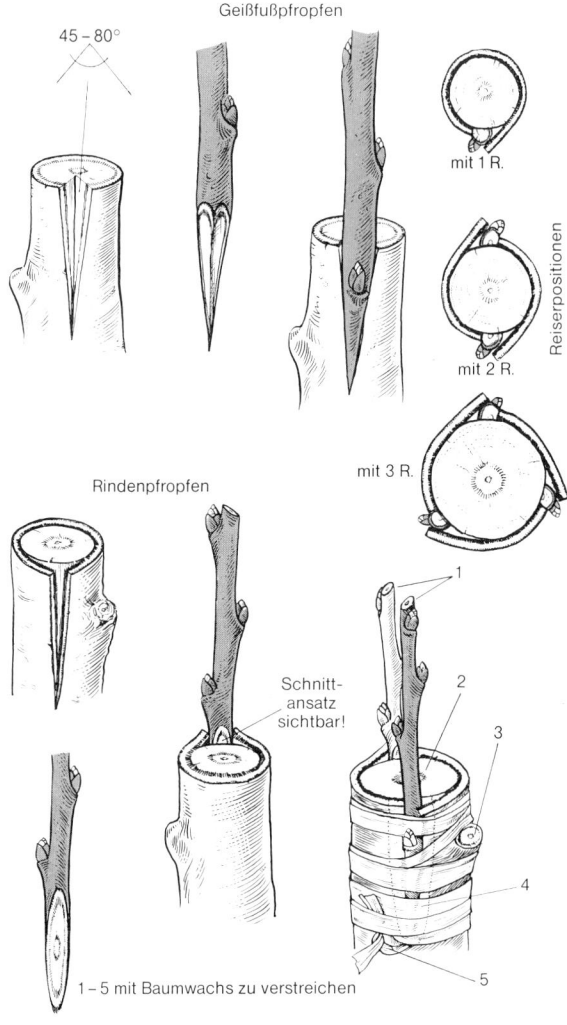

Reiserpositionen: mit 1 R., mit 2 R., mit 3 R.

Rindenpfropfen

Schnittansatz sichtbar!

1 – 5 mit Baumwachs zu verstreichen

1 = Endknospenschnitt, 2 = Kopfwunde, 3 = Nachbarwunde,
4 = Längsschnitt, 5 = Bastknoten

Kopulieren

Schnitt über der Knospe

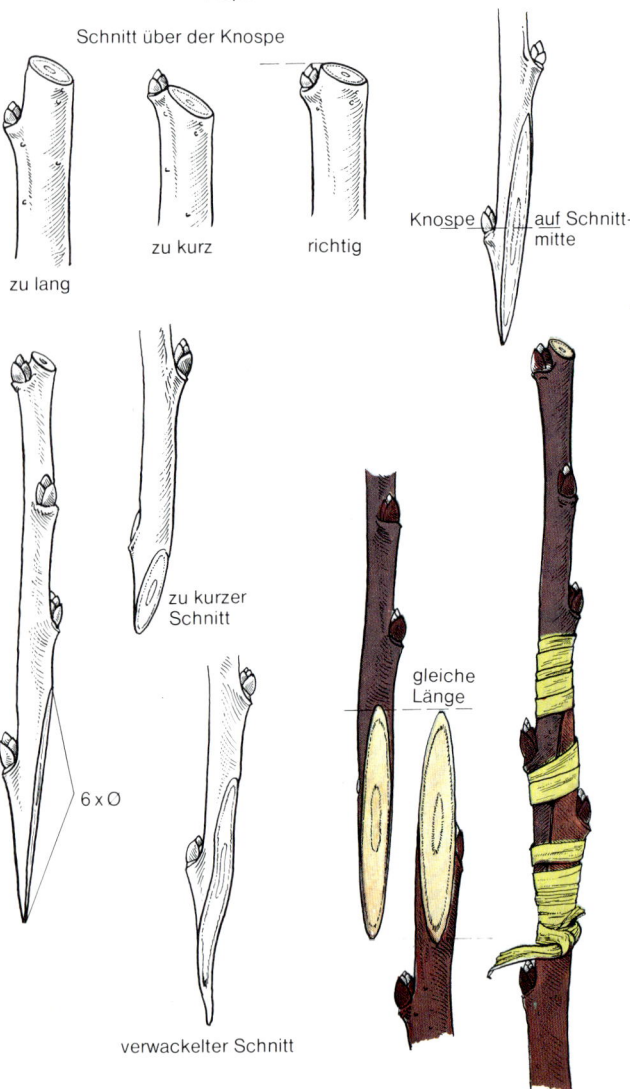

zu lang zu kurz richtig

Knospe auf Schnittmitte

zu kurzer Schnitt

6 × O

gleiche Länge

verwackelter Schnitt

Okulieren

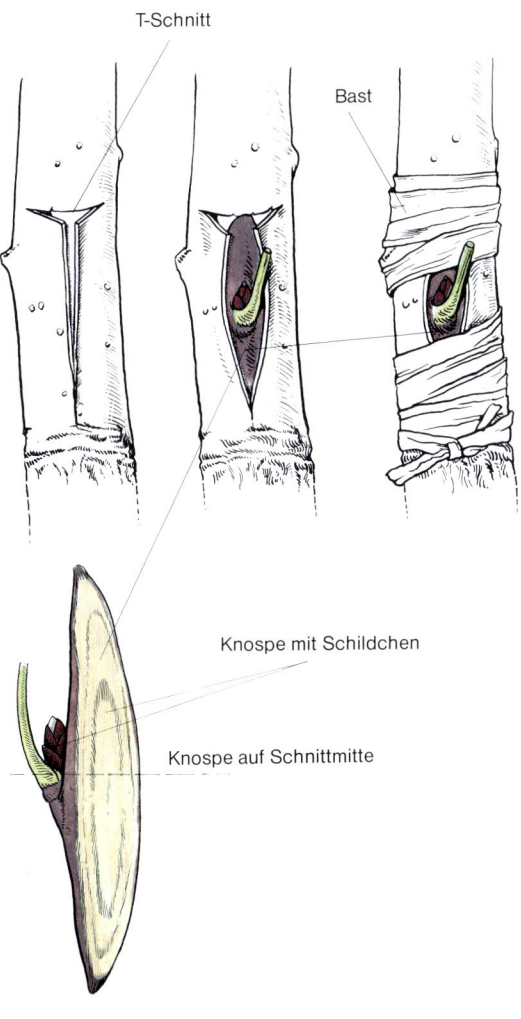

Befruchtung Die Frucht entwickelt sich aus der befruchteten Obstblüte. Unsere Apfel- und Birnensorten sind – ähnlich wie manche Sorten der Pflaumen, Kirschen, Pfirsiche und Aprikosen – mit sich selbst weitgehend unfruchtbar. Damit aus den Blüten Früchte entstehen, sind sogenannte ›Kreuzbestäubungen‹ notwendig, müssen also Pollenübertragungen zwischen verschiedenen Bäumen bestimmter Sorten zustandekommen. Voraussetzung erfolgreicher Befruchtungen sind deshalb etwa gleiche Blühzeiten der Sorten. In der Praxis bedeutet das, daß solche Bäume benachbart sein müssen; sei es, daß sie im eigenen Kleingarten zusammen gepflanzt werden oder daß in der Kolonie bereits gesetzte Gehölze als Pollenspender fungieren. Also sollte die Auswahl einer Obstbaumsorte in Absprache mit den anderen Kleingärtnern erfolgen; über die Ansprüche der Sorten können wiederum die Baumschulen Auskunft geben.

Beerenobst

Obstart	Lebensdauer in Jahren etwa	Beste Erträge in kg je Pflanze etwa
Johannisbeeren	15 – 20	2 – 4
Stachelbeeren	15 – 20	3 – 4
Gartenheidelbeeren	20 – 40	
Him- und Brombeeren	12 – 18	0,4 – 0,8
Erdbeeren	1 – 4	

Alle Angaben sind Durchschnittswerte, die je nach Boden und Standort, Klima und Obstsorte, Düngung und Pflege veränderlich sind.

Zur Befruchtung brauchen Obstbäume Insekten; vor allem ohne Bienen ist eine erfolgreiche Obstkultur kaum möglich. Andererseits kann ein Obstgarten ein geeigneter Lebensraum für ganze Kolonien von Kerbtieren sein, die, in großen Mengen auftretend, als Schädlinge unsere Obsternte gefährden. Sind unsere Pflanzen befallen, können wir jene biologischen Schutzmittel einsetzen, die im Abschnitt ›Pflanzenschädlinge und Pflanzenschutz‹ vorgestellt werden. Eine gute Vorbeugung ist aber allemal ein reicher Bestand an natürlichen Insektenfeinden in der Kolonie, unter ihnen die Vögel an wichtiger Stelle: Pflanzenschutz im Obstgarten erfordert deshalb auch Vogelschutz.

Auf den folgenden Tabellen werden einige Hinweise zu den einzelnen Obstarten gegeben. In der Rubrik ›Baumformen‹ haben die Abkürzungen folgende Bedeutung: S = Spalier, SB = Spindelbusch, B = Busch, N = Niederstamm, M = Mittelstamm und H = Hochstamm.

Pflanzweite in qm etwa	Lagerung Lagerzeit etwa
Rote 3 – 4, schwarze 5 – 8	Zwischen 5 und 20 Tagen bei 0 °C
3 – 4	Bei 0 °C 1 – 3 Wochen
4 – 5	Bis zu 3 Wochen bei 0 °C
0,5 – 1, bei rankenden Brombeeren 6	Auch bei Kühlung nur wenige Tage
einjährige 0,15 – 0,3, mehrjährige 0,6 – 1,5	Bei Lagertemperatur knapp über dem Gefrierpunkt bis zu 5 Tage

Kern- und Steinobstarten

Obstart	Wuchs-stärke	Geeignete Baumform	Pflanz-abstand in m etwa
Apfel	schwach	S, SB	3 × 2
	mittel	SB, B	6 × 5
	stark	B, N, M + H	9 × 7
Birne	mittel	B, SB	4 × 3
	stark	(B), N, M, H	8 × 6
Pflaume, Zwetschge	mittel	B, N	6 × 5
	stark	B, N, M	7 × 6
	sehr stark	B, N, M, H	8 × 7
Süß-kirsche	mittel-stark	B, N, M	8 × 7
	stark	B, N, M, H	9 × 8
Sauer-kirsche	mittel-stark	B, N	6 × 5
	stark	B, N, M	8 × 7
Pfirsich		B, N	6 × 5
Aprikose		B, N	7 × 6

Lagerung

Natürlich ist die sofortige Verwendung des erntefrischen, aromatischen und gehaltvollen Gemüses und Obstes zur Erntezeit der schönste Lohn für die Betätigung im Nutzgarten, weshalb der Kleingärtner stets einen Teil der Erträge frisch zubereiten und essen wird. Gleichzeitig wird ihm als Städter auch wieder der natürliche Ablauf der Jahreszeiten bewußt: Das Obst oder Gemüse, das sonst vielleicht zu jeder Jahreszeit im Supermarkt als Importware gekauft worden

Beste Erträge in kg je Baum etwa	Lebensdauer in Jahren etwa	Lagerung Lagerzeit etwa
15 – 20 45 – 60 60 – 90	15 – 25 35 – 45 45 – 60	Zwischen 4 – 8 Wochen bei 3 – 4 °C (z. B. Sorte ›James Grieve‹) bis zu etwa 7 Monaten bei 1 °C (›Glockenapfel‹). ›Klarapfel‹ nur zur Frischverwendung
20 – 25 60 – 90	25 – 35 55 – 70	Von 4 Wochen (›Frühe von Trevoux‹) bis zu 5 Monaten (›Conference‹) bei etwa 0 °C
25 – 30 25 – 30 25 – 30	30 – 40	Bis zu 2 Wochen bei 0 – 1 °C
30 – 50 30 – 50	45 – 60	1 – 2 Wochen bei 0 – 2 °C
20 – 30 20 – 30	20 – 40	Bis zu 10 Tage bei – 1 bis 0 °C
20 – 25	15 – 20	Höchstens 6 Wochen bei etwa 0 °C
25 – 30	25 – 35	3 Wochen bei – 1 bis 0 °C

wäre, hat nun auf der eigenen Parzelle seine charakteristische Erntezeit.

Bei größeren Erträgen, wie sie sich in einem gut bewirtschafteten Kleingarten zwangsläufig ergeben, ist aber der sofortige Verbrauch nicht möglich; die Obst- und Gemüseernte muß entweder frisch oder verarbeitet und konserviert gelagert werden. Die vorstehenden Tabellen zeigten, daß gerade frisches Obst zum Teil recht lange haltbar ist. Allerdings sind solche extrem langen Lagerzeiten, wie sie für den gewerblichen Obstbau mit Kühlhäusern und Lagerräumen gelten, in der Stadtwohnung mit ihren beschränkten und oft für die Lagerung wenig geeigneten Räumlichkeiten meist nicht möglich. Man wird dort Abstriche machen und den nicht frisch verzehrten Ernteteil lieber verarbeiten und konservieren und so lange haltbar machen. Der Band ›Natürlich konservieren‹ (Heyne Ratgeber 08/4947) zeigt die vielfältigen Möglichkeiten zur Lagerung, zum Trocknen, Dörren, Einmachen und Einsalzen, zum Einfrieren und zur Saftbereitung auf.

Für die Erhöhung der Lagerzeit der pflückfrischen Erträge gilt allgemein:
- Lagerung bei niedrigen Temperaturen,
- hohe relative Luftfeuchtigkeit von 80 – 90 Prozent,
- häufiger Austausch der Lagerluft mit frischer Kaltluft.

Bei der Frischlagerung kleinerer Mengen bietet sich natürlich der Kühlschrank an; für große Ernteerträge kommen meist nur Keller oder Dachboden als Lagerplatz in Frage. Der Dachboden sollte frostfrei, andererseits aber auch nicht zu warm sein. Im Keller erschweren oft durchlaufende Heizungsrohre die Lagerung; diese müssen isoliert und abge-

Obstlagerung –
Einpacken in Holzwolle und Einhüllen in Klarsichtfolie dämmen Obstfäule und -schwitzen ein

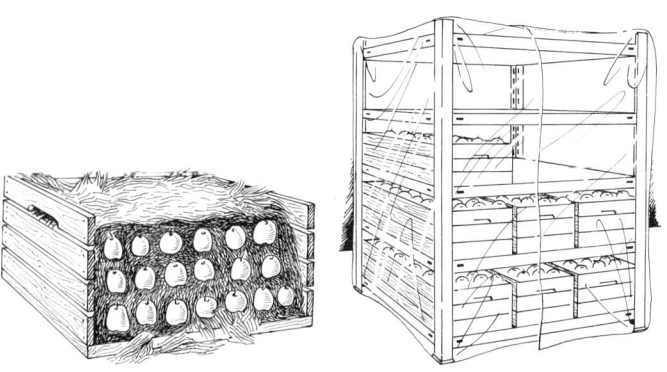

schirmt werden. Luftaustausch und Kühlung kann man über ein geöffnetes Kellerfenster und mit Hilfe von Ventilatoren erreichen. Die Luftfeuchtigkeit wird am besten durch aufgehängte nasse Tücher oder aufgestellte, häufig gewässerte Mooskisten erhöht. Der Lagerraum sollte keinesfalls hell sein, denn das fördert z. B. bei Kartoffeln die Keimung. Wasserreiches Gemüse wie Tomaten und Gurken lagert man zweckmäßig bei Temperaturen zwischen 10 und 12°C; bei anderem Sommergemüse sind 6–10°C günstig. Das frostharte Wintergemüse ist am besten bei Temperaturen knapp über dem Gefrierpunkt zu lagern.

Die Lagerung mancher Gemüseernten auf der Parzelle, etwa in Erdmieten oder im geschützten Frühbeetkasten, ist im Kleingarten meist nicht praktikabel und empfehlenswert; schade wäre es, wenn Langfinger die Ernte von der im Winter unbewohnten Parzelle stehlen würden. – Insgesamt ist derjenige, dem keine geeigneten Räume für die Frischlagerung zur Verfügung stehen, mit der Verarbeitung und Konservierung der Ernte besser bedient.

Pflanzenschädlinge und Pflanzenschutz

Ein weiteres Merkmal des biologischen Gärtnerns, der Gartenbearbeitung mit einer natürlichen Wirtschaftsweise, ist der Verzicht auf chemisch-synthetische Gifte, die gegen die ›Schädlinge‹ im Kleingarten eingesetzt werden könnten. Synthetische Gifte sind meist sehr aggressiv und wirkungsvoll – aber ihre Wirkung kann auch sehr umfassend sein und unkontrolliert in den gesamten Haushalt des Naturgartens eingreifen. Es wird oft so getan, als seien Pflanzenschädlinge, Pilze oder Tiere, von jedermann leicht zu erkennen und das richtige Giftpräparat aus dem Handel sei somit einfach einzusetzen. Aber Schädlinge, besonders die mit bloßem Auge kaum sichtbaren, im Zusammenhang mit den Krankheitssymptomen der Pflanze sicher zu bestimmen und in ihrer Bedeutung zu bewerten, ist oft nur dem Fachmann möglich. Moderne Analysemethoden, zumindest aber ein Mikroskop, helfen ihm dabei.

Die Schwierigkeiten im Umgang mit hochwirksamen Giften beginnen oft schon bei der Dosierung: Zum Beispiel ist es nicht für jeden einfach, gemäß den Gebrauchsangaben aus nur wenigen Millilitern eines konzentrierten Giftes eine im richtigen Verhältnis verdünnte Lösung herzustellen. Und wohin mit den Resten, die vielleicht übrig bleiben? Diesen Rest auch noch ›vorbeugend‹ im Garten versprühen, weil nun eben zufällig diese Giftmenge angerührt worden war? Oder besser den Rest in den Ausguß kippen, damit sich in den Abwässern der Stadt die Spritzmittelreste aller Gärtner zu einem in seiner Wirkung kaum abzuschätzenden chemischen Gebräu vermengen? Chemisch-synthetische Pflanzenschutzmittel können da ihren Sinn haben, wo wichtige, stark gefährdete Ernteerträge durch sie gesichert werden, um Menschen vor Hunger zu bewahren und sie mit Lebensmitteln zu versorgen. Im Kleingarten, der letztlich aus Liebhaberei und nicht aus materieller Not heraus bewirtschaftet wird, sollte auf den Einsatz umfassend wirkender synthetischer Gifte verzichtet werden. Natürlich nehmen auch manche biologische Schutzmaßnahmen auf chemischem Wege Einfluß, aber ihr Einsatz ist meist kontrollierter möglich und mit weniger Nebenwirkungen verbunden.

Ohnehin sind die Begriffe ›Schädling‹ und ›Nützling‹ nicht so absolut und zweifelsfrei zu klären, wie man meinen mag: Zum Beispiel kann uns ein Maulwurf im Garten erheblich stören, buddelt er doch seine Erdhaufen vielleicht genau auf der gepflegten Rasenfläche; andererseits frißt er Insekten, Würmer und Schnecken, die sonst wiederum unseren Pflanzen gefährlich werden könnten. Oder Vögel: Auf der einen Seite der Freßfeind allen möglichen Kleingetiers, vertilgen sie auch die ungeschützte Frühlingssaat.

Jedes Lebewesen ist Glied einer Kette, in der ein Teil vom einen nimmt und dem anderen gibt, manches Tier ist Räuber des nächsten und Opfer des übernächsten Tieres. Stimmt das Gleichgewicht im Garten, ist ein Artenkreislauf gegeben, so ist das ein guter Schutz für unsere Pflanzen; erst das Ungleichgewicht kann die verbliebenen Tiere zu Schädlingen machen. ›Eine Schwalbe macht noch keinen

Sommer‹ – und eine einzige Blattlaus macht noch keinen Ernteschaden aus. Erst wenn ganze Blattlauskolonien entstehen können, weil ihr Bestand durch Freßfeinde nicht dezimiert wird, haben wir ernstzunehmende Gegner.

Was bedeutet das in der Gartenpraxis? Der Kleingärtner sollte sich darum bemühen, die Vielfalt der Arten zu schaffen oder zu erhalten. Zum Beispiel lohnt sich die Teichanlage für heimische *Lurche* auch deshalb, weil etwa Grasfrosch oder Erdkröte als Freßfeinde gegen Schnecken, Würmer und Insekten vorgehen. *Vögel* werden geschützt und gehegt; man hilft ihnen durch die Pflanzung dichter Hecken und Gebüsche, durch das Aufhängen von Nistkästen. *Igel* als Schneckenfresser, als Vertilger von Würmern, Insektenlarven und Mäusen fördert man, indem man einen ungestörten Platz für die Überwinterung unter Laub und Zweigen bereithält. In der *Blindschleiche* sieht man kein ekeliges Schlangentier, sondern läßt die Schnecken, Würmer und Insekten fangende Echse in Ruhe. Gegen *Spinnen* und *Raubmilben* wird nichts unternommen, Spinnennetze werden nicht zerstört. Erwähnenswerte Tiere aus der komplexen Palette der Gartenlebewesen sind auch *Schwebfliegen, Laufkäfer, Florfliegen* – und natürlich der *Marienkäfer,* der Blattlausbestände dezimiert.

Ein ungewöhnlich großer, besorgniserregender Befall mit Viren, Pilzen und tierischen Schädlingen ist auch ein Spiegel unzureichender biologischer Gartenpflege, ein Manko im Zusammenspiel von Boden, Wetter, Pflanzenart und Anbauweise. Gerade schwächliche Pflanzen, noch dazu in Monokultur angebaut, sind ein idealer Lebensraum für Schädlinge, die hier beste Nahrungsbedingungen vorfinden und sich dann rasant vermehren können.

Im Garten treffen Schädlinge und Krankheitserreger auf für sie besonders günstige Lebensbedingungen, wenn

- Pflanzen auf Böden gezogen werden, die ihren Ansprüchen nicht entsprechen;
- Pflanzen in Monokultur oder mit ungünstigen Nachbarschaften kultiviert und dazu noch durch Mangel an Nährstoffen, Wasser und Licht geschwächt werden;

- Pflanzen in einem ihnen nicht gerecht werdenden Klima gezogen werden oder unter besonders ungünstigen Wetterbedingungen leiden, wie etwa Tomatenpflanzen im Dauerregen eines nassen Sommers;
- Pflanzensorten durch einseitige Zuchtziele auf Kosten ihrer Widerstandskraft und Anpassungsfähigkeit degeneriert sind.

Wir haben schon darauf hingewiesen, daß insbesondere der Anbau in Mischkulturen im Gemüsegarten sich für den Pflanzenschutz recht günstig auswirkt. Bei Obstbäumen ist die Plazierung von Kombinationspartnern in Duft- und Wirkungsnähe wegen der Größe der Pflanzen etwas schwieriger; dennoch sind Unterpflanzungen von Knoblauch und Kapuzinerkresse bei Obstbäumen und Wermut bei Beeren-, vor allem Johannisbeersträuchern sehr zu empfehlen. Generell sollen bei Saatpflanzen nur die gesunden und kräftigen übernommen und pikiert werden, bei der Gehölzpflanzung dürfen ebenfalls nur starke und gesunde Pflanzen gesetzt werden.

Auf den folgenden Tabellen sind Mittel angeführt, deren Einsatz sich bei der Schädlings- und Krankheitsbekämpfung im biologischen Gartenbau bewährt hat:

Schutzmittel	Handhabung	Wirksam gegen
Algenkalk	feinen Kalk streuen und stäuben	Ameisen, Kartoffelkäfer, Kraut- und Knollenfäule, Kohlweißling, Möhren- und Zwiebelfliege
Brennessel	1 kg grüne Pflanzen in 10 l Wasser vergären lassen; später 50fach verdünnen, spritzen. Auch geeignet zur Kombination mit anderen Kräuterjauchen	Chlorose, Blattläuse, Ameisen, weiße Fliege, Rote Spinne, Grauschimmel, Kartoffelkäfer, Kraut- und Knollenfäule, Kräuselkrankheit, falscher Mehltau, Mosaikvirus, Rutenkrankheit

Schutzmittel	Handhabung	Wirksam gegen
Bier	in Untertasse ins Beet stellen; absammeln	Nacktschnecken
Blumen	Studenten- (Tagetes) und Ringelblume (Calendula) pflanzen	vor allem gegen Fadenwürmer (Nematoda)
Derris	= Rotenon. Im Handel unter verschiedenen Markennamen erhältliches starkes Fraß- und Kontaktgift. Auch fischgefährlich (Vorsicht in Teichnähe!). Anwendung und Wartezeit nach Herstellerangaben, im Nutzgarten mindestens 3 Wochen	Schadinsekten
Fallen	in die Gänge stellen	Maulwürfe, Wühlmäuse
Farnkraut	100 g Trockenpflanzen in 10 l Wasser einweichen; 10fach verdünnt spritzen	Schild-, Blutläuse, Rote Spinne
Feuchte Tücher	auf die Erde legen; absammeln	Asseln
Flaschen	mit dem Kopf in den Boden stecken, Flaschenboden abschlagen. Vertreibung durch starke Geräuschentwicklung und Resonanz im Boden	Wühlmäuse, Maulwürfe
Gesteinsmehl	morgens auf taufeuchte Pflanzen stäuben und ausstreuen	Schnecken, Kohlfliege, Kartoffelkäfer, Erdflöhe, Kraut- und Knollenfäule
Heißes Wasser	auf Nester gießen	Ameisen, Maulwurfsgrille, u. a.
Holzasche	auf Beeterde und feuchte Pflanzen streuen und stäuben	Schnecken, Insekten; s. Gesteinsmehl

Schutzmittel	Handhabung	Wirksam gegen
Honigwasser, Zuckerwasser	in Wasser gelösten Honig oder Zucker in Untertasse auf die Gartenerde stellen	Bodenläufer wie Ameisen u. a.
Kartoffeln	– ausgehöhlt ins Beet legen; absammeln	Asseln
	– Hälften mit der Schnittfläche in die Erde drücken; absammeln	Drahtwürmer, Tausendfüßler
Leimringe	um Baumstämme legen	aufkriechende Insekten
Magermilch	spritzen, auch mit Brennesselsud gemischt	Blattfleckenkrankheit
Netze	über Obstbaumkronen auslegen	Schutz der Früchte vor Vogelfraß
Pyrethrum	Chrysanthemengift, im Handel unter verschiedenen Markennamen erhältlich. Im Nutzgarten nach dem Einsatz mindestens 3 Wochen Wartezeit.	Starkes Insektengift, auch bienengefährlich
Quassia	in Drogerien erhältliches tropisches Bitterholz. Brüheherstellung durch Aufkochen mit Wasser; mit Schmierseife als Haftmittel versetzen. Spritzen, möglichst nicht in der Blütezeit	Blattläuse, Insektenlarven, -raupen
Rainfarn	30 g Trockenpflanzen in 10 l Wasser einweichen; spritzen oder übergießen	Blattwespen, Milben, Rost, Mehltau, Erdflöhe, Lauchmotten, Obstmaden, Rote Spinne, Mosaikvirus, Möhren- und Zwiebelfliege

Schutzmittel	Handhabung	Wirksam gegen
Schachtel-halm	150 g Trockenpflanzen aus der Apotheke in 10 l Wasser einweichen und kochen. 5 × verdünnt an Sonnentagen spritzen	Blattfleckenkrankheit, Mehltau, Rost, Schorf, Rote Spinne, Grauschimmel, Kohlhernie, Spinnmilben, Ruten- und Kräuselkrankheit
Schmierseife	etwa 20 g in 2 l Wasser aufmischen. Spritzen, jedoch nicht zur Blütezeit	Kohlfliege, -weißling, Obstmaden, Blattläuse, u. a. – Universell nutzbares Haftmittel für Kombination mit anderen Spritzmitteln
Zäune	aus engem Maschengeflecht von mindestens 80 cm Höhe	Kaninchen; leider werden auch größere Lurche u. a. ausgesperrt

Der Ziergarten

Eine Gestaltung mit Wildpflanzen?

Wer seine Parzelle oder zumindest einen Teil davon als Ziergarten mit Blumen und Gehölzen gestalten will, greift für Aussaat oder Pflanzung meist auf das Sortiment zurück, das die Gärtnereien und Gartenfachhandlungen anbieten. Der so entstandene blühende und farbenfrohe Ziergarten bestätigt dann oft die Praxis, daß der Kleingärtner sich beim Aufbau des eigenen Gartens auf die bewährten und schönen Pflanzenzuchtformen aus dem Handel hat einengen lassen. Manche dieser Pflanzen sind bei uns nur als Gäste zu betrachten; sie stammen aus anderen Landstrichen oder sind durch jahrelange Auslese aus Wildformen gezüchtet worden. Sie bereichern zwar durch Wuchsform und Farbe unseren Garten, aber ihr ökologischer Wert, ihre Verknüpfung mit unserer heimischen Fauna, ist nicht immer gegeben.

In diesem Zusammenhang fällt das Stichwort ›Naturgarten‹. Im Naturgarten pflanzt man heimische Pflanzen, die in ihrer Schönheit den Zuchtformen aus der Gärtnerei ohnehin oft in nichts nachstehen, versucht man die Gestaltung eines natürlichen Lebensraums – ohne den allerdings jemals vollständig erreichen zu können. Denn der Begriff ›Naturgarten‹ ist ein Widerspruch in sich: Einerseits ist ein Garten kein unbearbeitetes, wildes ›Stück Natur‹, sondern eine durch menschlichen Eingriff geschaffene Kulturfläche, und etwa schon die Verbindung eines Ziergartens mit einer Nutzfläche mit Tomaten- oder Gurkenanbau schafft im Garten Verhältnisse, wie sie bei uns in einem sich überlassenen Naturraum nicht zustande kommen würden; auf der anderen Seite ist ein Naturraum nichts Statisches mit ewig gleichbleibender Zusammensetzung aus bestimmten Pflanzen- und Tierarten. Schon die Frage danach, ob ein Lebewesen bei uns heimisch ist oder nicht, ob seine Arterhaltung bei uns erstrebenswert ist oder nicht, ist nicht einfach zu beantworten. Als Beispiel mag die Kanadische Wasserpest (*Elodea canandensis*) herhalten, die erst vor rund einem Jahrhundert zu uns eingeschleppt worden sein soll; heute ist sie in fast jedem geeigneten Gewässer zu finden. Sie traf also auf Lebensbedingungen, die ihren Ansprüchen genügten, und muß heute wohl als fester Bestandteil unseres Lebensraums gelten. Sogar die Bewertung eines Areals als ›natürlicher Lebensraum‹ ist problematisch: Die ›Lüneburger Heide‹ zum Beispiel, jener große Landstrich in Norddeutschland, gilt als Naturraum, ist aber dennoch vor Jahrhunderten nur durch menschlichen Einfluß so entstanden und kann auch nur durch die Pflege des Menschen in dieser Form erhalten werden. Man muß sich bewußt sein, daß die vollständige Erhaltung oder Wiederherstellung von ›Natur‹ nicht möglich ist – und schon gar auf der arg begrenzten, vielleicht gerade 400 qm großen Gartenfläche. Der Naturwissenschaftler Professor Heinz Ellenberg weist in der Beschreibung der Vegetation Mitteleuropas darauf hin, daß hier »...buchstäblich kein Fleckchen unverändert seinen Naturzustand bewahren konnte« (Heinz Ellenberg, ›Vegetation Mitteleuropas mit den Alpen in ökologischer Sicht‹, 2. Auflage, Ulmer, Stuttgart 1978).

Ist also die Anlegung eines Gartens mit Wildpflanzen, ein teilweiser Verzicht auf die Pflanzung reiner Zuchtformen, die vielleicht der Gartenkultur Japans entstammen, sinnlos und nur ein Tropfen auf den heißen Stein? Nun, das sicherlich nicht. Durch Bebauung und land- und forstwirtschaftliche Nutzung großer Flächen, durch Trockenlegung von Sümpfen und Mooren, durch den Einsatz von Schädlingsbe-

Die Schafgarbe – eine Wildblume

Hundsrose – die Blüte ein Schmuck, die Hagebutte ein Vitaminspender

kämpfungsmitteln und durch Umweltverschmutzungen sind bei uns in den letzten Jahrzehnten die natürlichen Lebensräume zunehmend dezimiert und die Existenz von immer mehr Pflanzen- und Tierarten gefährdet worden. Das ›Biologische‹ im Ziergarten sollte deshalb bedeuten, durch das Setzen von Wildpflanzen, deren Existenz für das Überleben vieler Libellen, Schmetterlinge, Vögel u. a. unbedingt erforderlich ist, ein Refugium zu schaffen und somit zur Erhaltung der Artenvielfalt beizutragen.

Unter ›Wildpflanzen‹ sind dabei in Abgrenzung zu den für die Gartenkultur vorgesehenen Zuchtformen aus dem Fachhandel jene Pflanzen zu verstehen, die – ob ohnehin hier heimisch oder irgendwann aus den Gärten heraus verwildert – fester Bestandteil der Lebensräume in Wald und Wiese sind und ihren Wert im Zusammenspiel mit der heimischen Fauna haben.

Wir möchten hiermit lediglich anregen, auf die Pflanzung so manchen exotischen Gastes und so mancher Blumenzuchtform zugunsten heimischer Gewächse zu verzichten, ohne dabei allerdings die sehr umfangreiche Palette der alternativen Möglichkeiten darstellen zu können. Denn natürlich sollten in Abhängigkeit von Boden und Klima standortheimische Pflanzen bevorzugt werden: Das Edelweiß ist zwar in Deutschland heimisch, hat aber selbstverständlich zum Beispiel in einem Kleingarten an der Nordseeküste nichts zu suchen – es gehört in die Alpen; dort ist es ein Glied der für den alpinen Lebensraum charakteristischen Pflanzengesellschaft. Der Begriff ›heimisch‹ muß also noch weiter auf ›standortheimisch‹ und ›standortgeeignet‹ eingeengt werden – die Wildpflanzen-Gemeinschaften setzen sich etwa in Eichenmischwäldern ganz anders zusammen als zum Beispiel auf Heideflächen. Bei der Entscheidung, welche Arten aus der Fülle der Wildpflanzen für den eigenen Garten jeweils in Frage kommen, kann schon ein Ausflug in den nächstgelegenen Naturraum, in den Wald oder auf die Wiese, hilfreich sein. Mit einem Pflanzenbestimmungsbuch lassen sich die charakteristischen Arten des Naturraumes ermitteln.

Allgemein sollte für die Beschaffung von Wildpflanzen gelten:
- Wildpflanzen sollten nicht aus Naturräumen entnommen und in den eigenen Garten umgepflanzt werden. Es wäre ein Widerspruch, einerseits etwas für die Erhaltung der heimischen Flora und Fauna tun zu wollen, andererseits aber genau diese Pflanzen ihrem natürlichen Lebensraum zu entnehmen und dabei sogar zu riskieren, daß sie eingehen. Das Ausgraben wilder Pflanzen kann nur dann sinnvoll sein, wenn ihr Standort zum Beispiel durch Bebauungsmaßnahmen ohnehin zerstört werden würde.
- Wildpflanzen und ihre Samen erhält man heute auch in vielen Gärtnereien und Gartenfachhandlungen, aber auch zum Beispiel durch Tauschaktionen über Kleinanzeigen in den Gartenzeitschriften.
- Wildpflanzen sollten also möglichst standortheimisch sein. Sind sie es nicht, so besteht langfristig die Gefahr einer ›Florenverfälschung‹ in der Natur durch die eventuelle Bildung von Bastarden, Unterarten u. a., wenn die im Garten gesetzten Wildpflanzen sich ausbürgern und verbreiten.

Teichbau

Warum sind Kleingewässer für das Überleben unserer Lurche unbedingt notwendig? Lurche leben amphibisch, d. h. sie verbringen einen Teil ihres Lebens im Wasser und erschließen sich von dort ihren Landlebensraum. Die erwachsenen, geschlechtsreifen Tiere laichen im Wasser ab; in nur wenigen Wochen entwickeln sich daraus die Larven (bei den Froschlurchen Kaulquappen genannt). Nach einigen Monaten machen die im Wasser lebenden Larven eine Metamorphose durch und gehen an Land. Sie haben dann geradezu dramatische Veränderungen in ihrem Körperbau durchgemacht: Aus der Kiemenatmung der Larven wurde die Lungenatmung der metamorphosierten Tiere, und bei den Froschlurchen ist der Larvenschwanz eingeschmolzen, der Darm um ein Vielfaches verkürzt worden. Nimmt man also Lurchen ihre Laichgewässer, so ist ihr Aussterben vorprogrammiert; die schon erwähnte Trockenlegung so vieler Kleingewässer hat die Bestände deshalb stark dezimiert.

Bei der Anlegung eines Teiches sollten folgende Punkte beachtet werden:
- Gestaltung des Teiches mit einer aufgelockerten, nicht nur stur geraden Uferlinie, mit kleinen Buchten und Vorsprüngen.
- Wassertiefe mindestens 50–80 cm an der tiefsten Stelle, damit das Wasser in strengen Wintern nicht bis auf den Boden durchfriert und am Grund überwinternde Lurche sterben. Tiefe, krautreiche und flache, schnell von der Frühlingssonne zu erwärmende Wasserzonen; flache und steilere Uferbereiche, zum Teil unbewachsen.
- Laichgewässer sollten fischfrei sein. Vor allem Raubfische gefährden den Lurchbestand, aber auch Goldfische u.a. setzen Laich und Larven arg zu. In der Natur sind von den Amphibien angenommene Kleingewässer, etwa überschwemmte Wiesenstücke, fast immer fischfrei.

Ein Folienteich ist leicht zu bauen

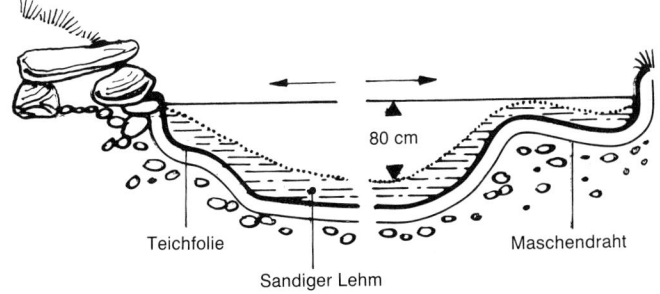

- Für die Ansiedlung standortheimischer Sumpf- und Wasserpflanzen aus einer Wassergärtnerei muß gesorgt werden. Bei reichlichem Wasserpflanzenbestand ist der Sauerstoffgehalt im Wasser für die kiemenatmenden Larven ausreichend; eine Wasserlüftung und -filterung mit elektrischen Teichfiltern ist nicht notwendig.
- Zu einer sinnvollen Laichgewässeranlage gehört ein geeigneter Landlebensraum; ein Ufergürtel mit reicher Bepflanzung und vielen Versteckmöglichkeiten unter Baumstümpfen und Steinen ist besonders wichtig – vor allem manche Molcharten bleiben nach dem Übergang aufs Land in unmittelbarer Teichnähe. Andere Lurcharten wandern weiter ab und kommen erst bei Geschlechtsreife zum Gewässer zurück. Für die Erdkröte sollen Wanderungen bis zu 2000 m Entfernung nachgewiesen sein; keinesfalls darf sie etwa durch dichte, engmaschige Zäune auf der eigenen Parzelle ›eingesperrt‹ werden.

Selbst kleinste Teiche werden zum Lebensraum

- Die Anlage von Teichen kann u. U. wasser- oder baurechtlich genehmigungspflichtig sein. Vor dem geplanten Bau sollte man sich deshalb mit der Vereinsführung absprechen.

Gerade kleinere Teiche sind verhältnismäßig einfach mit Kunststoff-Folien aus dem Gartenfachhandel anzulegen. Der Erdaushub kann bei Kleingewässern noch gut mit Spaten und Schaufel von Hand erfolgen; erst bei großen Gemeinschaftsteichen ist eventuell der Einsatz eines Baggers notwendig. Die Kosten für eine Teichanlage bleiben gering, wenn man die ausgehobene Erde im Kleingarten behält und verwertet; die Abfuhr des Aushubs per LKW dagegen kann teuer werden.

Die Teichkuhle sollte mit einer Schicht aus feinem Sand ausgekleidet werden; zumindest aber muß der ebenmäßige, glatte Teichgrund von Steinen und spitzen Baumwurzelresten befreit weden. Als Schutz vor Maulwürfen und anderen Erdwühlern kann das Erdloch mit einem engmaschigen Drahtgeflecht ausgelegt werden; dann wird die Folie ausgebreitet.

Der Folienrand wird mit Steinen, Baumstümpfen und Erde beschwert und verdeckt − das umgebende Erdreich sollte aber keine Verbindung zum Teichwasser haben, damit nicht in heißen Sommern das Wasser herausgesogen wird. Auf die Folie wird anschließend eine Schicht aus sandigem Lehm gegeben.

Nach der Wasserzufuhr kann nach einigen Tagen der Teich bepflanzt werden. Sumpfpflanzen werden direkt in den Lehm gesetzt, submerse (= Unterwasser-) Pflanzen können, mit einem Steinchen beschwert, ins Wasser gelegt werden; sie wurzeln dann meist von selbst.

Im folgenden wird eine kleine Auswahl von Sumpf- und Wasserpflanzen vorgestellt, die in und an den Naturgewässern Deutschlands vorkommen und meist zum Sortiment der Wassergärtnereien gehören. Die Wassergärtner helfen gern bei der Entscheidung, welche Pflanzen für den einzelnen Gartenteich standortgeeignet sind:

Lateinischer Name	Deutscher Name
Acorus calamus	Kalmus
Alisma plantago-aquatica	Froschlöffel
Butomus umbellatus	Schwanenblume
Calla palustris	Drachenwurz
Caltha palustris	Sumpfdotterblume
Carex gracilis	Sumpfsegge
Ceratophyllum demersum	Gemeines Hornblatt
Eleocharis acicularis	Nadelsimse
Elodea canadensis	Wasserpest
Equisetum palustris	Sumpfschachtelhalm
Eriophorum angustifolium	Schmalblätteriges Wollgras
Eriophorum vaginatum	Scheidenwollgras
Hippuris vulgaris	Tannenwedel
Hottonia palustris	Wasserfeder
Hydrocharis morsus-ranae	Froschbiß
Iris pseudacorus	Sumpfschwertlilie
Lysimachia nummularia	Pfennigkraut
Lysimachia thyrsiflora	Gilbweiderich
Lythrum salicaria	Blutweiderich
Mentha aquatica	Wasserminze
Menyanthes trifoliata	Fieberklee
Myriophyllum verticillatum	Tausendblatt
Polygonum amphibium	Wasserknöterich
Potamogeton natans	Schwimmendes Laichkraut
Ranunculus lingua	Zungenhahnenfuß
Ranunculus aquatilis	Unterwasser-Hahnenfuß
Sagittaria sagittifolia	Echtes Pfeilkraut
Scirpus lacustris	Flechtsimse
Stratiotes aloides	Wasseraloe
Trapa natans	Wassernuß
Utricularia vulgaris	Wasserschlauch

Sumpfpflanze (S) Unterwasserpfl. (U) Schwimmpflanze (N)	Wuchshöhe cm	Wasserstand bis cm	Wassertiefe cm
S	80	30	
S	100	20	
S	80	30	
S	30	10	
S	30	20	
S	80	30	
U			30 – 150
U			10 – 100
U			30 – 100
S	50	30	
S	30	Sumpf	
S	30	Sumpf	
S	30	60	
U			bis 40
N	5		ab 10
S	80	30	
S	10	Sumpf	
S	40	10	
S	100	20	
S	40	20	
S	30	30	
U			30 – 100
N			20 – 80
N			30 – 100
S	100	30	
U			30 – 100
S	80	15	
S	150	40	
N			ab 30
N			15 – 50
U			ab 30

Wer einen Teich gebaut, bepflanzt und auf die Einsetzung der sonst unvermeidlichen Goldfische u. a. verzichtet hat, der möchte schließlich seine Mühen belohnt wissen: im Teich soll Leben sein, soll es etwas zu beobachten geben. Von den 20 in Deutschland heimischen Lurcharten sind die meisten im städtischen Schrebergarten nicht zu erwarten; zum Teil sind sie schon zu selten (z. B. Rot- und Gelbbauchunke, Laubfrosch oder Kammolch), zum anderen ist das urbane Umland kein geeigneter Lebensraum für sie (z. B. Alpensalamander). Die Lurche sind mehr oder weniger ortstreu und suchen nach der Geschlechtsreife zum Laichen wieder ihre Geburtsgewässer auf; in der Natur kommt die Besiedelung neuentstandener Gewässer vor allem durch Irrläufer zustande.

Daß sich am neuen Teich schnell selbsttätig Lurche einfinden, ist dann sehr wahrscheinlich, wenn sich in der Nähe ein von Amphibien besetztes Gewässer befindet oder bis vor kurzem befunden hat. In der Stadt sind hauptsächlich Erdkröte und Teichmolch, Gras- und Teichfrosch zu erwarten; diese Arten sind noch etwas häufiger als andere, brauchen aber dennoch unseren Schutz.

Keinesfalls sollte man erwachsene Tiere aus ihrer natürlichen Umgebung herausfangen, um sie im eigenen Teich anzusiedeln. Zum einen sind die gefährdeten Lurche nach der ›Bundesartenschutzverordnung‹ vom 25. August 1980 geschützt, andererseits würden die ortstreuen Tiere abwandern und ihren angestammten Lebensraum suchen. Dem Aufbau einer Lurchpopulation im eigenen Gartenteich kann man dennoch auf die Sprünge helfen: Von einem freundlichen Gartenbesitzer, der bereits ein funktionierendes Laichgewässer besitzt, wird man gern etwas Erdkröten-, Gras- oder Teichfroschlaich bekommen. Der eigene Teich sollte schon etwas veralgt sein, damit die sich schnell aus dem Laich entwickelnden, algenraspelnden Kaulquappen sich auch ernähren können; für die fleischfressenden Larven der Schwanzlurche tut man gut daran, das Gewässer mit einer Startgabe heimischer Wasserflöhe aus der Zoohandlung zu bereichern.

Die Anlegung eines Lurchgewässers ist eine Möglichkeit, im ›biologischen Schrebergarten‹ etwas für die Erhaltung unserer Umwelt zu tun. Wenn wir hier so oft über Lurche schreiben, dann soll nur gezeigt werden, daß ein Gartenteich zu mehr taugt als zur Haltung von Goldfischen – daß er ein Refugium für heimische Tier- und Pflanzenarten sein kann. Und natürlich sind die Lurche nur ein, wenn auch wichtiges Beispiel für Tiergruppen, die schnell im und um den Teich herum einen geeigneten Lebensraum finden; Wasserläufer und Mücken, Libellen und Falter stellen sich oft rasch ein und machen den Teich zum Biotop.

Rasen und Wiesenfläche

Auf eine kleine Rasenfläche im Ziergartenteil der Parzelle wird der Kleingärtner kaum verzichten; unentbehrlich ist doch der grüne Teppich als Platz für Liegestuhl und Tischtennisplatte und als Spielfläche für die Kinder. Der Rasen im Kleingarten ist meist zu wichtig und notwendig für den Aufenthalt und die Beschäftigung im Freien, als daß man ihn vollständig durch eine kleine Wildblumenwiese ersetzen wollte, die dann niemand betreten darf. Man wird deshalb auch im naturnahen Garten kaum darauf Rücksicht nehmen, daß der ökologische Wert des Kunstproduktes ›Rasen‹ sehr gering ist.

Aber warum sollte man nicht einen Kompromiß schaffen? Warum nicht vielleicht kleine Inseln mit Wildblumen und Wildgräsern pflanzen, um Bäume herum, unter Sträuchern, an Zäunen und vor der Laubenwand? Man darf auch hier nicht so tun, als hätte man mit einem Stückchen Wiese eine Art Arche Noah geschaffen, mit der gerettet wird, was es in unserer arg gebeutelten Natur noch zu erhalten gibt; selbst ein zusammenhängendes Wiesenstück auf der Parzelle von vielleicht 100 qm kann nur ein modellhaftes Abbild der Verhältnisse ›draußen‹ sein. Dennoch ist eine Gartenpolitik der kleinen Schritte besser, als überhaupt nicht an die ökologischen Zusammenhänge zu denken.

Das Rasensaat-Sortiment des Fachhandels ist sehr breit; es reicht vom schnellwüchsigen ›universalen Allzweckrasen‹ über den strapazierfähigen ›Spielrasen‹ bis zum hochfeinen ›Zierrasen‹; für die Saatmischung des ›Superrasens‹ wird in den Prospekten versprochen, daß aus der ›Kummerwiese ein Golfrasen‹ entsteht – und zwar ›ohne umzugraben‹.

Gesät werden können Rasenmischungen nach den Packungsangaben etwa ab April bis Juni an feuchten Tagen, aber auch noch im August oder September in der angegebenen Saatdichte. Die Saat wird von Hand oder mit einem Samenstreuwagen auf den aufgelockerten, organisch mit reifem Kompost oder Horn-, Blut- und Knochenmehl gedüngten Boden aufgebracht und eingeharkt. Die Saatfläche wird dann mit einer Gartenwalze oder einer Holzplatte, auf die man sich stellt, festgedrückt. Bei trockenem Wetter während der Keimung muß der Boden mit einem Sprenger befeuchtet werden.

Den ersten Rasenschnitt kann man in der Regel vornehmen, wenn die Halme eine Wuchshöhe von etwa 5 – 8 cm erreicht haben; später hält man die Grashöhe je nach dem Zweck des Rasens bei 3 – 5 cm, auch noch kürzer beim ›Luxusrasen‹. Zur Rasenpflege gehört das Vertikutieren, mit dem der Rasen von Filz und Moos befreit wird. Auf kahlen, vertrockneten und geschädigten Stellen kann man die passende Rasenmischung nachsäen – wenn man nicht gerade dort beginnen will, ein Stückchen Wiese aufzubauen.

Eine Magerwiese sollte weder vor noch nach dem Einbringen und Aufgehen der Saat gedüngt werden; auch für ihren Aufbau gilt, daß in Abhängigkeit von Pflanzungsplatz, Klima und Boden nur standortgeeignete Kräuter und Gräser ausgesät werden sollten.

In einer Broschüre des ›Landesbeauftragten für Naturschutz und Landschaftspflege in Berlin‹ vom April 1985 werden z.B. für die Pflanzung im bebauten Stadtgebiet Berlins mit seinem kontinentalen Klima für trockene Lehmböden (tL), frische Lehmböden (fL), trockene Sand- (tS) und frische Sandböden (fS) die folgenden Wildgräser und -kräuter empfohlen:

Agrostis tenuis	Rotstraußgras	tL, fL, tS, fS
Anthoxanthium odoratum	Gemeines Ruchgras	fL, fS
Cynosurus cristatus	Weidekammgras	fL, fS
Festuca ovina	Schafschwingel	tL, tS, fS
Festuca rubra	Rotschwingel	tL, fL, tS, fS
Festuca trachyphylla	Rauhblattschwingel	tS, fS
Poa compressa	Platthalm-Rispengras	tL, fL, tS, fS
Poa pratensis	Wiesen-Rispengras	tL, fL, tS, fS
Poa trivialis	Gemeines Rispengras	fL, fS
Achillea millefolium	Schafgarbe	tL, fL, tS, fS
Centaurea jacea	Wiesen-Flockenblume	tL, fL, tS, fS
Cichorium intybus	Gemeine Wegwarte	tL, fL, fS
Crepis capillaris	Kleinköpfiger Pippau	fL, fS
Daucus carota	Wilde Möhre	tL, fL, fS
Galium mollugo	Wiesenlabkraut	tL, fL, fS
Galium verum	Echtes Labkraut	tL, fL, tS
Hieracium pilosella	Kleines Habichtskraut	tL, tS, fS
Hypochoeris radicata	Gemeines Ferkelkraut	tL, fL, tS, fS
Hypericum perforatum	Tüpfel-Johanniskraut	tL, fL, tS, fS
Leontodon autumnalis	Herbst-Löwenzahn	tL
Leucanthemum vulgare	Wiesenmargarite	tL, fL, tS, fS
Linaria vulgaris	Gemeines Leinkraut	tL, fL, tS, fS
Lotus corniculatus	Gemeiner Hornklee	tL, fL, tS, fS
Potentilla argentea	Silbriges Fingerkraut	tL, fL, tS, fS
Prunella vulgaris	Gemeine Braunelle	tL, fL, tS, fS
Ranunculus acris	Scharfer Hahnenfuß	fL, fS
Trifolium arvense	Hasenklee	tS
Trifolium pratense	Rotklee	tL, fL, fS
Veronica chamaedrys	Gamander-Ehrenpreis	tL, fL, fS

Kräutersamen und Wildgrassaat sind im Gartengeschäft und Saatfachhandel erhältlich; für die angeführten Pflanzenarten wird eine Zusammenstellung von 95 Gewichts-Prozent Grassaat zu 5 Gewichts-Prozent Kräutersamen und eine Menge von etwa 10 – 15 g der Saatmischung je Quadratmeter empfohlen.

Letztlich ist die Aussaat und Pflanzung von Wildkräutern nur möglich, wenn der sich um eine naturnahe Gartengestaltung bemühende Gartenfreund seine Wildpflanzen in Übereinstimmung mit der Gartenordnung und seinen benachbarten Kleingärtnern hegt und pflegt. Schnell ist sonst Streit entbrannt, wenn die Samen des Löwenzahns von der eigenen Parzelle vom Wind in Nachbars Garten getragen werden – und dort neue Pflänzchen zwischen Kartoffeln und Blumenkohl entstehen lassen. Wer Wildpflanzen nur als ›Unkraut‹ ansieht und mit chemischen Vernichtungsmitteln gegen sie vorgeht, läßt nicht mit sich spaßen, wenn eine Krautinvasion aus der angrenzenden Parzelle zu drohen scheint. Da kann nur helfen, in Gesprächen für das eigene Anliegen zu werben – geht es doch hier um den Versuch, im eigenen Garten etwas für die bedrohte Umwelt zu tun.

Blumen und Ziergehölze

Die Pflanzung und Pflege von Blumen und Ziergehölzen sind bereits ausführlich in den Bänden ›Der Blumengarten‹ (Heyne Ratgeber 08/4695), ›Der biologische Rosengarten‹ (08/4796) und ›Ziergehölze‹ (08/4750) beschrieben und die Vielfalt der für den Garten geeigneten Arten dort vorgestellt worden. Wir wollen uns deshalb hier auf einige wenige Anregungen für den Umgang mit Ziergewächsen im Kleingarten und auf kurze, aber wichtige Informationen zu einigen Arten beschränken:

Gartengestaltung mit Ziergewächsen Es versteht sich von selbst, daß man bei der Plazierung von Zierpflanzen ihren Ansprüchen an Boden und Wasser, an Licht und Düngung Rechnung trägt, wie dies auf der Samentüte bei Saatblumen oder beim Kauf von Ziergehölzen vom Gärtner empfohlen wird. Aber zur Gestaltung eines harmonischen Ziergartens gehört mehr als die bloße Berücksichtigung der Pflanzenphysiologie, gehört die gelungene Verknüpfung von Größe und Formen, von Blühzeiten und Farben zu einem Kunstwerk.

Blumen im Ziergarten

Der rechteckigen Grundfläche des Kleingartens, dem rechteckigen Grundriß der Laube, der geraden Linienführung der Wege, den linearen Saatreihen des Gemüsegartens sollte man aufgelockerte, geschwungene, nicht starr symmetrische Flächen mit Zierpflanzen entgegenstellen; z.B. sollte der Blumengarten besser nicht die strenge, langweilige Ordnung eines Schachbrettmusters aufweisen. Der gestaltete Garten braucht das Gegenspiel von Vielfalt und Ruhe, also z.B. die geschwungene Rabatte bunter Sommerblumen, die um den Freisitz, um ein Stück Rasen, um einen Busch gruppiert wird. Die Faustregel, daß man innerhalb einer Zierfläche kleine Pflanzen nach außen, mittlere in der Mitte und größere innen oder hinten setzen sollte, weil dann die Pflanzen geeignete Licht- und die Gärtner beste Sichtverhältnisse vorfinden, darf andererseits nicht zum Dogma erstarren.

Der Ziergarten wird für den Betrachter nicht unbedingt um so schöner, je bunter er ist. Gerade die im Blumensortiment als ›Prachtmischung‹ angebotenen Zusammenstellungen bringen auf kleinster Fläche einen unglaublichen Farbenreichtum zustande, der bisweilen schon zu bunt und unruhig wirkt. Solche Flächen unterbricht man vorteilhaft mit weiß blühenden Blumen; Weiß beruhigt das bunte Meer, macht andererseits die Farben frischer und fröhlicher. Kann man eine Blumengruppe nach Farben zusammenstellen, so sollte man überhaupt mit Farbgegensätzen vorsichtig umgehen: Kontrastreiche Blau-Gelb- oder Rot-Blau-Zusammensetzungen überfordern oft das Auge; harmonischer wirken feine Abstufungen einer Grundfarbe, etwa verschiedener Rottöne von Altrosa bis Feuerrot.

Es ist ein verständlicher Wunsch des Gärtners, möglichst im gesamten Sommerhalbjahr seinen Garten in einer Blütenpracht zu sehen; vom zeitigen Frühjahr bis zum späten Herbst sollen jeweils mehrere Pflanzenarten ihre Blüte zeigen. Hier erweist sich wieder der Gartenplan als unentbehrlich: Listet man, geordnet nach ihren Standorten, Blumen und Ziergehölze und ihre Blütezeit auf, so zeigt der Überblick, wo Bestände noch erweitert, verändert oder neu aufgebaut werden sollten, um zu fast jeder Zeit an jeder Stelle des Ziergartens eine Blütenpracht bewundern zu können.

Einordnung der Ziergewächse In der Pflege recht anspruchslos sind die *einjährigen Blumenarten,* von denen viele von März bis Mai direkt ins Freiland gesät, einige in unserem Klima unter Glas vorgezogen oder vom Gärtner gekauft werden. Einjahresblumen kommen im Jahr der Saat zu Entfaltung und Blütenpracht; sie unterscheiden sich somit von den *zweijährigen Blumen,* die nach der Aussaat im Hochsommer keimen, als frosthart Pflanzen im Freiland überwintern und erst im nächsten Frühsommer blühen und fruchten. Zu den Zweijahresblumen sind auch solche Arten zu zählen, die eigentlich mehrjährig sind, die aber wegen dann nachlassender Blühfreudigkeit oder unansehnlich werdender Gestalt nur zweijährig gezogen werden. *Blumen mit Knollen und Zwiebeln* werden im Kleingarten nicht gesät, sondern gesetzt; sie leiten über zu den *Stauden,* wie man im Gartenbau die krautartigen, mehrjährigen, winterharten Pflanzen bezeichnet, deren oberirdische Teile meist – abgesehen von einigen immergrünen Stauden – den Winter nicht überdauern; die Pflanzen treiben nach dem Winter von neuem aus. Diese Grobgliederung kann man abschließen mit den *Gehölzen,* jenen ausdauernden und – der Name sagt es – holzigen Pflanzen.

Wie man mit Saatgut umgeht, also auch Gartenblumen aussäen kann, haben wir im Abschnitt ›Säen und Pflanzen‹ umrissen. Stauden dagegen werden meist vegetativ vermehrt, durch Rosetten- und Blattstecklinge, durch Wurzel-, Stengel- und Rhizomschnittlinge. Der vom Gärtner gekaufte, mit Sortenetikett versehene Topfballen wird am besten in den Monaten März, April oder September gepflanzt. Kleinwüchsige Stauden brauchen eine Pflanzweite von etwa 15–20 cm, mittlere 40–60 cm und großwüchsige verlangen mindestens 60–80 cm. Vor der Pflanzung werden verwelkte Staudentriebe weggeschnitten, die Pflanzstelle mit reifem Kompost grundgedüngt. Die Rhizome mancher Stauden werden nicht etwa senkrecht gepflanzt, sondern sauber waagerecht in der Erde ausgebreitet. Nach der Staudensetzung sollte – wie bei jeder Pflanzung – gründlich gewässert werden.

Auch für die Gehölzpflanzung haben wir schon einige Hinweise gegeben. Für die Pflanzung immergrüner Sauerboden-Pflanzen wie Azaleen und Rhododendren ist ein kalkfreier, leicht saurer Boden richtig, der gegebenenfalls im Pflanzloch sogar mit etwas feuchtem Torf gesäuert werden muß. Während diese Gehölze vor der Pflanzung mit ihrem Wurzelballen so lange in ein Wasserbad gestellt werden sollen, bis darin keine Blasen mehr aufsteigen, dürfen Nadelbäume und andere immergrüne Gehölze nicht ins Wasser gestellt werden. Bei Heckenpflanzen hängt der Pflanzenbedarf natürlich von der Pflanzenstärke ab; etwa 6 Pflanzen für rund 50 cm hohe Hecken, 5 für 1-m-Hecken und etwa 4 Pflanzen für höherwüchsige Hecken dürfen als Durchschnitt gelten. Der beste Pflanztermin für die Gehölze liegt in der frostfreien Zeit der Vegetationsruhe vom Herbst bis zum späten Frühjahr; Hecken schneidet man nach der Herbstpflanzung erstmals bereits im darauffolgenden Frühjahr.

Die folgenden Auflistungen einiger für die Ziergartengestaltung bewährter Pflanzen sollen unser Buch nun abschlie-

Die Sonnenblume – ein Jahresriese

ßen; obwohl gerade im konventionellen Blumen- und Gehölzgarten so viele Pflanzengäste von anderen Kontinenten, aus Asien und Amerika, Einzug gehalten haben, bitten wir auch hier, die einheimische, in ihrer Schönheit den Gartenpflanzen Japans in nichts nachstehende Flora nicht ganz zu vergessen.

Einheimische Sommerblumen

Einige einjährige Blumen für die Freilandaussaat

Deutscher Name	Botanische Gattung	Botanische Art, z. B.
Edelwicken	*Lathyrus*	*odoratus*
Eschscholtzien	*Eschscholtzia*	*californica*
Fuchsschwanz	*Amaranthus*	*caudatus*
Kapuzinerkresse	*Tropaeolum*	*majus*
Kornblumen	*Centaurea*	*cyanus*
Lupinen	*Lupinus*	*angustifolius*
Mohn	*Papaver*	*glaucum*
Portulakröschen	*Portulaca*	*grandiflora*
Ringelblumen	*Calendula*	*officinalis*
Schleierkraut	*Gypsophelia*	*elegans*
Schleifenblume	*Iberis*	*umbellata*
Sonnenblume	*Helianthus*	*annuus*
Trichterwinde	*Hipomoea*	*pupurea*

Aussaat	Blüten-Grundfarbe (nach Sorten verschieden)	Blühzeit	Wuchshöhe (cm) bis
Mrz – Mai	weiß-purpur	Mai – Okt	200
Mrz – Apr	rot/gelb	Jun – Okt	40
Mai – Jun	rot	Jul – Okt	100
Mai – Jun	gelb/rot	Jul – Okt	400
Apr – Mai	blau	Jul – Sep	50
April	blau	Jun – Okt	100
Mrz – Apr	rot	Aug – Sep	70
Mai	weiß/gelb/rot/violett	Jul – Sep	20
Mrz – Jun	orangegelb	Jun – Sep	70
Mrz – Jun	weiß/rot	Jun – Okt	40
Mrz – Mai	weiß/rot	Jun – Aug	30
Apr – Mai	Korb außen gelb	Jul – Okt	300
Apr – Mai	weiß/rot/blau	Jul – Sep	300

Winterharte Blumen aus Zwiebeln und Knollen

Deutscher Name	Botanische Gattung	Botanische Art, z. B.	Freiland-Pflanzung
Blaustern	*Scilla*	*sibirica*	Aug – Sep
Hyazinthen	*Hyazinthus*	*orientalis*	Aug – Nov
Kaiserkronen	*Fritillaria*	*imperialis*	Sep
Krokus	*Crocus*		Sep – Okt
Lilien	*Lilium*	*candidum*	Aug – Sep
Märzenbecher	*Leucojum*	*vernum*	Sep – Okt
Narzissen	*Narcissus*	*pseudonarcissus*	Sep – Nov
Schachbrettblume	*Fritillaria*	*melearis*	Sep
Schneeglöckchen	*Galanthus*	*nivalis*	Sep – Nov
Tulpen	*Tulipa*		Sep – Nov

Pflanz-tiefe (cm)	Pflanzab-stand (cm)	Blüten-Grundfarben (Sortenverschieden)	Blühzeit	Wuchshöhe (cm) bis
8 – 10	10 – 15	blau	März – Apr	20 – 30
15 – 20	15 – 20	fast alle Grundfarben	März – Apr	20 – 35
25 – 30	25 – 30	rot, gelb, orange	Mai	80 – 100
5	5	weiß, gelb, blau	Feb – Apr	10
5	20 – 40	weiß	Mai – Juni	20 – 40
5	10 – 15	weiß	März	20
10 – 20	10 – 20	gelb, weiß	März – Apr	30 – 50
20 – 30	20 – 30	rot/weiß	März – Apr	30
5	5	weiß	Feb – März	5
10 – 15	10 – 20	fast alle Grundfarben	Apr – Mai	10 – 60

Blumen für die Vorkultur bei 15 – 20° C

Deutscher Name	Botanische Gattung	Botanische Art, z. B.
Feuersalbei	*Salvia*	*splendens*
Fleiß. Lieschen	*Impatiens*	*wallerina*
Löwenmaul	*Antirrhinium*	*majus*
Nelken	*Dianthus*	*caryophyllus*
Phlox	*Phlox*	*drummondii*
Strohblume	*Helichrysum*	*bracteatum*
Studentenblume	*Tagetes*	*erecta*
Verbene	*Verbena*	(Hybriden)
Zinnie	*Zinnia*	*elegans*

Vorkultur unter Glas	Blüten-Grundfarbe	Blühzeit	Wuchshöhe (cm) bis
Feb – März	rot (weiß, lila)	ab Juli	20 – 150
Jan – Feb	rot	Juli – Nov	50
Jan – Feb	rot, weiß, u. a.	Juni – Okt	20 – 120
März – Apr	Rot-/Weißtöne	ab Juli	40 – 60
März – Apr	rot, u. a.	ab Juli	60
März – Apr	weiß/rot	Juli – Sep	100
März – Apr	braun, orange	ab Juni	100
Feb – März	fast alle, kein gelb	Juli – Okt	50
März – Apr	alle außer blau	Juli – Okt	80

Blühende winterharte Stauden für den Garten

Deutscher Name	Botanische Gattung	Botanische Art, z. B.	Blühzeit
Adonisröschen	*Adonis*	*vernalis*	Apr
Akelei	*Aquilegia*	*caerulea*	Mai – Jul
Aster	*Aster*	*amellus*	Jul – Sep
Christrose	*Helleborus*	*niger*	Dez – Mrz
Ehrenpreis	*Veronica*	*prostrata*	Mai – Jun
Eisenhut	*Aconitum*	*wilsonii*	Aug – Okt
Fingerkraut	*Potentilla*	*atrosanguinea*	Jun
Gartenchrysantheme	*Chrysanthemum*	*x hortorum*	Aug – Okt
Goldrute	*Solidago*	*caesia*	Sep – Okt
Herzblume	*Dicentra*	*eximia*	Mai – Jul
Immergrün	*Vinca*	*major*	Mai – Jun
Kreuzkraut	*Ligularia*	*clivorum*	Jul – Sep
Leberblümchen	*Hepatica*	*nobilis*	Mrz – Apr
Lungenkraut	*Pulmonaria*	*rubra*	Mrz – Mai
Maiglöckchen	*Convallaria*	*majalis*	Mai
Ochsenzunge	*Anchusa*	*italica*	Jun – Sep

Blüten-Grundfarbe	Wuchshöhe (cm) bis	Boden – Besondere Ansprüche	Licht – Standort
gelb	30	sandig-humos, kalkliebend	sonnig
weiß/rot	60	sandig und humos	Halbschatten
blau	60	normale Gartenerde	sonnig
weiß	25	normal, liebt auch Waldhumusböden	Schatten bis Halbschatten
blau	20	kalkliebend	sonnig
blau	150	normal, auch Waldhumus	Halb-/Schatten
rot	40	normaler Gartenboden	sonnig
weiß, gelb, rot, braun	80	kalkliebend	sonnig
gelb	80	normale Gartenerde	sonnig
rot	20	sandig-humos	Halbschatten
blau	30	normal, auch Waldhumus	Halb-/Schatten
orangegelb	150	leicht saurer Boden	sonnig bis halbschattig
blau/weiß	20	kalkliebend	Halb-/Schatten
rot	40	normal, auch Waldhumus	Schatten
weiß	20	normale Gartenerde, auch Waldhumus	Halbschatten
blau	100	mager, sandig bis steinig	sonnig

Blühende winterharte Stauden für den Garten

Deutscher Name	Botanische Gattung	Botanische Art, z. B.	Blühzeit
Pfingstnelke	*Dianthus*	*caesius*	Mai – Jul
Rittersporn	*Delphinium*	*nudicaule*	Jun
Schwertlilie	*Iris*	*cristata*	Apr – Mai
Sonnenhut	*Rudbeckia*	*maxima*	Jul – Sep
Stockrose	*Althea*	*ficifolia*	Jul – Sep
Trollblume	*Trollius*	*x cultorum*	Mai – Jul
Veilchen	*Viola*	*odorata*	Mrz – Apr
Widerstoß	*Limonium*	*latifolium*	Jul – Aug
Ziest	*Stachys*	*grandiflora*	Jul – Aug

Blüten-Grundfarbe	Wuchshöhe (cm) bis	Boden – Besondere Ansprüche	Licht – Standort
rot	15	kalkliebend	sonnig
orangerot	40	sandig, kalkhaltig	sonnig
blau/weiß	15	sandig, kalkfliehend	sonnig
gelb	200	normal	sonnig
gelb	200	normale Gartenerde	sonnig
gelb	100	leicht saurer Boden	Sonne bis Halbschatten
blauviolett	15	normaler Gartenboden	Sonne bis Halbschatten
blauviolett	60	magerer, sandiger Boden	sonnig
purpur	50	kalkliebend	Sonne bis Halbschatten

Heckenpflanzen für Hecken mit Höhen zwischen 1 und 2 Meter

Deutscher Name	Botanischer Name	Blütezeit
Abendländischer Lebensbaum	*Thuja occidentalis*	Nadelbaum
Eibe	*Taxus baccata*	Nadelbaum
Feldahorn	*Acer campestre*	Mai
Flieder	*Syringa vulgaris*	Mai – Juni
Fünffingerstrauch	*Potentilla fruticosa*	Mai – Sept.
Grüne Berberitze	*Berberis thunbergii*	Mai
Hainbuche	*Carpinus betulus*	April – Mai
Kirschlorbeer	*Prunus laurocerasus*	Mai – Juni
Kornelkirsche	*Cornus mas*	März – April
Lärche	*Larix decidua*	Nadelbaum
Rotfichte	*Picea excelsa*	Nadelbaum
Scharlachdorn	*Crateagus coccinea*	Mai – Juli
Schneespiere	*Spiraea arguta*	April – Mai
Stechpalme	*Ilex aquifolium*	Mai – Juni

Ansprüche an Klima und Boden
Humose, feuchte, sandige Lehmböden; sonniger Platz
Keine besonderen Ansprüche an den Boden; schattiger bis halbschattiger Platz
Warmer, auch trockener Platz auf leichtem, kalkhaltigen Boden
Sonniger bis halbschattiger Standort auf kalkhaltigen, auch schweren Böden
Humose Gartenerde; sonniger Platz
Sonniger bis halbschattiger Standort auf humosem, leicht alkalischem Gartenboden
Jeder Platz auf tiefgründigem Lehm- und Sandboden
Schatten bis Halbschatten; humoser, kalkfreier Boden
Sonniger oder halbschattiger Standort auf auch sandigen Lehmböden
Warmer, sonniger Standort auf bevorzugt sauren Böden
Keine besonderen Ansprüche; kühles Klima
Sonniger bis halbschattiger Platz auf kalkhaltigen, lehmigen Böden
Sonniger, auch leicht trockener Platz auf nährstoffreichem Boden
Schatten bis Halbschatten; bevorzugt lehmige bis sandige kalkfreie Böden

Einige Laubgehölze in der ›Kleingartenhöhe‹ von etwa 3 bis 5 Meter

Deutscher Name	Botanischer Name	Blütezeit
Buchsbaum	*Buxus sempervirens*	April – Mai
Faulbaum	*Rhamnus frangua*	Mai – August
Gemeiner Schneeball	*Virburnum opulus*	Mai – Juni
Goldglöckchen	*Forsythia intermedia*	April – Mai
Hartriegel	*Cornus sanguinea*	Mai – Juni
Hasel	*Corylus avellana*	Februar – März
Immergrüne Berberitze	*Berberis juliana*	Mai – Juni
Liguster	*Ligustrum vulgare*	Juni – Juli
Mispelstrauch	*Cotaneaster bullataus*	Mai – Juni
Salweide	*Salix caprea*	März – April
Scheinbuche	*Nothofagus antarctica*	Mai – Juni
Schlehe	*Prunus spinosa*	April – Mai
Silberölweide	*Eleagnus commutata*	Mai – Juli
Wolliger Schneeball	*Virburnum lantata*	Mai – Juni
Zierkastanie	*Aesculus parviflora*	Juli – August

Ansprüche an Klima und Boden

Sonniger bis schattiger Platz in mildem Klima auf feuchten, auch sandigen Böden

Halbschattiger Platz auf bevorzugt schwach sauren, feuchten Böden

Sonniger bis schattiger Platz auf mäßig saurem Boden

Nicht anspruchsvoll; sonniger bis halbschattiger Platz

Sonniger bis schattiger Platz; keine besonderen Ansprüche

Gedeiht auf jedem Platz auf nicht zu sandigen und nicht nassen Böden

Sonniger oder schattiger Standort auf humosem Gartenboden

Für Gruppenpflanzungen an sonnigen bis schattigen Standorten

Sonniger bis halbschattiger Platz auf humoser Gartenerde

Schattiger bis halbschattiger Standort

Sonne bis Halbschatten auf humosem Gartenboden

Sonniger Platz auf kalkreichem Boden

Sonniger Standort auf sandigen, trockenen Böden

Kalkreiche, trockene Böden; sonniger bis halbschattiger Platz

Geschützter Standort auf humosen Böden; Schatten bis Halbschatten

Adressen

der Landesverbände
im Bundesverband Deutscher Gartenfreunde

BDG – Bundesverband Deutscher Gartenfreunde
Siegfried-Leopold-Straße 6, 5300 Bonn 3, Tel.: 0228/461830

Deutsche Schreberjugend e.V. – Organisationsbüro
Platanenallee 37, 1000 Berlin 19, Tel.: 030/3053199

Landesverband Berlin der Gartenfreunde e.V.
Hildegardstraße 5, 1000 Berlin 31, Tel.: 030/8532083

Landesbund der Gartenfreunde e.V.
Fuhlsbütteler Straße 790, 2000 Hamburg 63, Tel.: 040/591863

Landesbund Schleswig-Holstein der Kleingärtner e.V.
Steenbeker Weg 153, 2300 Kiel 1, Tel.: 0431/333606

Landesverband der Gartenfreunde e.V.
Brautstraße 15, 2800 Bremen 1, Tel.: 0421/505503

Landesverband Niedersachsen der Kleingärtner e.V.
Odeonstraße 15, 3000 Hannover 1, Tel.: 0511/17555

Landesverband Rheinland der Kleingärtner e.V.
Külshammerweg 20, 4300 Essen 1, Tel.: 0201/770056

Landesverband Westfalen und Lippe der Kleingärtner e.V.
Brüderstraße 39, 4700 Hamm, Tel.: 02381/28737

Landesverband Rheinland-Pfalz der Kleingärtner e.V.
Hospitalstraße 22, 5400 Koblenz, Tel.: 0261/43499

Landesverband Hessen der Kleingärtner e.V.
Feldscheidenstraße 2, 6000 Frankfurt 50, Tel.: 069/5482552

Landesverband Saarland der Kleingärtner e.V.
Bergstraße 39, 6600 Saarbrücken, Tel.: 0681/6002375

Landesverband d. Gartenfreunde Baden-Württemberg e.V.
Hegelinstraße 15, 7000 Stuttgart 80, Tel.: 0711/7155059

Landesverband der Kleingärtner e.V.
Steiermarkstraße 41, 8000 München 60, Tel.: 089/568883

Literaturverzeichnis

Aichele, Dietmar: *Was blüht denn da? – Wildwachsende Blütenpflanzen Europas,* 43. Auflage, Franck'sche Verlagshandlung W. Keller & Co., Stuttgart 1981

Andritzky, Michael/Spitzer, Klaus (Hrsg.): *Grün in der Stadt,* Rowohlt Taschenbuch Verlag, Reinbek 1981

Breschke, Joachim: *Der Garten ohne Gift,* Delphin Verlag, München 1983

Bristow, Alec: *Wie die Pflanzen lieben,* Scherz Verlag, München und Bern 1979

Brohmer, Paul: *Fauna von Deutschland – ein Bestimmungsbuch unserer heimischen Tierwelt,* 15. Auflage, Verlag Quelle & Meyer, Heidelberg 1982

Dahl, Jürgen: *Wildpflanzen im Garten,* Gräfe und Unzer, München 1985

Dietrich, Peter: *Der naturgemäße Garten,* Verlag J. Neumann-Neudamm, Melsungen 1980

Duflos, Solang/Graille, Jean-Louis: *Der Teich lebt,* Herder Verlag, Freiburg im Breisgau 1980

Fischer, Claudia: *Grüne Oase Schrebergarten,* Ullstein, Berlin 1983

Franck, Gertrud: *Gesunder Garten durch Mischkultur,* 2. Auflage, Südwest Verlag, München 1980

Franz, Jost M./Krieg, Aloysius: *Biologische Schädlingsbekämpfung,* Verlag Paul Parey, Hamburg 1976

Friedrich, Gerhard/Preuße, Hans: *Obstbau in Wort und Bild,* 3. Auflage, Verlag J. Neumann-Neudamm, Melsungen 1983

Grießhammer, Rainer: *Der öko-Knigge,* Rowohlt Verlag, Reinbek 1984

Gröning, Gert: *Tendenzen im Kleingartenwesen – dargestellt am Beispiel einer Großstadt,* Beiheft 10 zu *Landschaft und Stadt,* Verlag Eugen Ulmer, Stuttgart 1974

Jacobi, Karlheinz/Mierswa, Dietrich: *Gärtnern unter Glas und Folie,* BLV Verlagsgesellschaft, München 1983

Katalyse-Umweltgruppe Köln e. V.: *Chemie in Lebensmitteln,* Köln 1982

Kreuter, Marie-Luise: *Der Bio-Garten,* 3. Auflage, BLV Verlagsgesellschaft, München 1982

Philippeit, Ute/Schwartau, Silke: *Zuviel Chemie im Kochtopf?,* Rowohlt Taschenbuch Verlag, Reinbek 1982

Scheerer, Gerhard/Dapper, Heinrich: *Fruchttragende Hecken,* Siebeneicher Verlag, 5. Auflage, Berlin 1980

Schmeil, Otto/Fitschen, Jost: *Flora von Deutschland und seinen angrenzenden Gebieten,* 87. Auflage, Verlag Quelle & Meyer, Heidelberg 1982

Schreiber, Rudolf L. (Hrsg.): *Rettet die Frösche,* Pro Natur Verlag, Stuttgart 1983

Seymour, John: *Selbstversorgung auf dem Lande und aus dem Garten – Im Nutzgarten arbeiten,* Otto Maier Verlag, Ravensburg 1981

Stangl, Martin: *Gesundes Obst und Gemüse,* BLV Verlagsgesellschaft, München 1979

Stein, Siegfried: *Gärtnern im Kleingewächshaus,* BLV Verlagsgesellschaft, München 1985

Steinbach, Gunter: *Der Gemüsegarten,* 2. Auflage, Wilhelm Heyne Verlag, München 1983

Steinbach, Gunter: *Natürlich konservieren,* Wilhelm Heyne Verlag, München 1984

Steinbach, Gunter: *Ziergehölze,* Wilhelm Heyne Verlag, München 1981

Steinbach, Gunter: *Der biologische Rosengarten,* Wilhelm Heyne Verlag, München 1982

Steinbach, Gunter: *Der Blumengarten,* Wilhelm Heyne Verlag, München 1980

Steinbach, Gunter: *Der biologische Obstgarten,* Wilhelm Heyne Verlag, München 1983

Register

Ableger 105
Abstandszahlung 43
Antennen 30
Apfel 156
Aprikose 156
Artenvielfalt 161
Astscheren 63
Auberginen 118
Aufteilung des Gartens 32
›auslichten‹ 102
Auslichtung 146
Aussaatgeräte 62
Aussaatzeiten 100

Bauformen 146
Baumsägen 63
Beete 50
Befruchtung 154
Bienenstände 30
Birne 156
Blattstecklinge 183
Blumen, aus Zwiebeln und Knollen 188
Blumen, für die Vorkultur 190
Blumen, einjährig 182, 186
Blumen, zweijährig 182
Blumen mit Knollen und Zwiebeln 182
Bodenarten 71
Bodenkrümler 59
Bodenprofil 71
Bohnen 119
Brando, Paul 14
Brombeeren 154

Bundesartenschutz-verordnung 176
Bundeskleingartengesetz 22

Chemisch-synthetische Gifte 159

Edaphon 55
Endivien 120
Erbsen 120
Erdbeeren 154
Erdkratzer 62
Erntegreifkörbe 63
Erosionsschutz 87
Erziehungsschnitt 150

Fächerbesen 59
Farben 182
Fenchel 121
Feuchtigkeitserhaltung 85
Florenverfälschung 170
Folientunnel 115
Forke 63
Freilandaussaat 102
Fruchtfolgen 98
Frühbeete 115

Gartenformen 100
Gartenheft 100
Gartenkelle 59
Gartenordnung 23
Gartenplan 45
Gartensieb 62
Gartenscheren 63
Gartenschlauch 67

Gartenwege 46
Gehölze 183
Generalpächter 12
Gesell 12
Gewächshäuser 107
Gewächshauserde 114
Gießkanne 66
Grabegabel 58
Gründüngung 88
Gülle 89
Gurken 121

Häcksler 63
Handelsdünger, organisch 91
Hauschild 11
Hecken 183, 196
Heckenpflanzen 196
Heckenscheren 63
Heidelbeeren 154
Heister 146
Heizung 29
Himbeeren 154
Hornspäne 90
Hügelbeete 96
Humus 55

Jauche 89
Johannisbeeren 154

Kalk 75
Kantenscheren 63
Karotten 122
Kartoffeln 123
Keller 28
Kinderspielfläche 54
Kleingärtnerorganisation 24
Kleingarten- und
  Kleinpachtlandordnung 13
Kohlarten 123
Kombinationspartner 162
Kompost, aufsetzen 81
Kompost, Feuchtigkeitsgehalt 82
Kompostmenge 84, 91
Kompostmieten 30
Kompostmischung 80

Komposttermin 84
Kompostieren 76
Kompostwurm 84
Kräutergarten 50
Kräutersamen 179
Kreuzbestäubungen 154
Kühlung 111
Kündigung, fristlos 26
Kündigung, ordentlich 25
Kürbis 125
Kultivatoren 59
Kunstdünger 74

Laubenausstattung 38
Laubgehölze 198
Lauch 125
Leguminosen 88
Lichtkeimer 134
Lichtstärke 112
Lüftung 111
Luftbefeuchtung 16
Luftfeuchtigkeit 113
Lurche 170
Lurchpopulation 176

Magerwiese 178
Mangold 126
Mineraldünger 75
Mischkultur 93
Mittelzehrer 92
Möhren 122
Monokultur 93
Mulchen 85

Nährstoffbedarf 92
Natur 166
Naturdünger, verarbeitete 90
Naturgarten 166
Nützling 160

Ökologie 15

Pachtkosten 24, 36
Pachtzins 24
Paprika 127

Pfirsich 156
Pflanzenabstand 93
Pflanzennährstoffe 72
Pflanzkombination 93
Pflanzschnitt 149
Pflanzung 183
Pflanzvorschriften 32
Pflanzzeiten 93
Pflaume 156
pH-Wert 75
pikieren 102
Pollenspender 154
Porree 125
Prachtmischung 181

Radieschen 127
Rasenharke 62
Rasenmäher 67
Rechen 59
Regenwurm 84
Reichsverband der
  Kleingartenvereine
  Deutschlands 13
Rettich 127
Rhizomschnittlinge 183
Rigolen 54
Roden 30
Rosettenstecklinge 183
Rote Bete 129
Rote Rüben 129

Salat 128
Sauerkirsche 156
Sauerstofferzeugung 19
Schutzmittel 162
Sellerie 130
Senkreiser 105
Sichtschutz 32
Spaten 58
Spielbuden 29
Spinat 131
Stauden 192
Stachelbeeren 154
Süßkirsche 156
Sumpfpflanzen 173

Schädling 160
Schätzungskommissionen 42
Schaufel 59
Schnittpflege 145
Schreber 11
Schreberverein 12
Schubkarre 62
Schwachzehrer 92
Stallmist 89
standortgeeignet 169
standortheimisch 169
Starkzehrer 92
Staubbindung 16
Stauden 182
Stechtiefe 55
Stecklinge 105

Teichgestaltung 172
Telefon 30
Temperaturkonstanz 87
Temperaturschwankungen 111
Terrassen 28
Tierhaltung 31
Toiletten 28
Tomaten 131
Topfhülsen 104
Topfkultur 115
Torfquelltöpfe 104
Treibhäuser 30
Trockensubstanzen 90

Umgraben 54
Umgrabtermin 56
Unkrautjäter 59

Verbrauchskosten 37
Verdichtungsschutz 87
Verdunstungskühlung 17
veredeln 150
Vereinsbeiträge 36
Verjüngungsschnitt 146
Versicherungsbeiträge 37
Vertikutierer 62
Vorkultur 104
vorziehen 103

Wasserbecken 29
Wasserleitung 28
Wasserpflanzen 173
Wasserstelle 46
Weisungen, fachlich 23, 27
Wildblumenwiese 177
Wildgräser 178
Wildgrassaat 179
Wildpflanzen 167

Ziergewächse, Einordnung der 182
Ziergewächse, Gartengestaltung mit 180
Zucchetti 132
Zucchini 132
Zwetschge 156
Zwiebeln 134
Zwischenpächter 24

Über alle bei Heyne erschienenen Ratgeber informiert ausführlich das Heyne-Gesamtverzeichnis. Sie erhalten es von Ihrer Buchhandlung oder direkt vom Verlag.

Wilhelm Heyne Verlag, Postfach 20 12 04, 8000 München 2

 # GUNTER STEINBACH

In der Taschenbuchreihe „Besser biologisch gärtnern" weist der bekannte Gartenfachmann Gunter Steinbach dem Anfänger und dem Praktiker Wege zum Gärtnern mit ausschließlich biologischen Mitteln.

08/4687 - DM 9,80

08/4695 - DM 9,80

08/4714 - DM 9,80

08/4750 - DM 9,80

08/4796 - DM 12,80

08/4947 - DM 9,80